Blanchard/Peale Positiv führen

Kenneth Blanchard, Ph. D.
Dr. Norman Vincent Peale

Positiv führen

Ohne krumme Touren zum Erfolg

Oesch Verlag

Die Originalausgabe erschien 1988 unter dem Titel
»The Power of Ethical Management«
bei William Morrow, New York

Aus dem Amerikanischen von Harald Vigano

Gleichzeitig mit der Taschenbuchausgabe erscheint
die gebundene Ausgabe im Oesch Verlag, Zürich

Schutzumschlag: Heinz von Arx, Zürich
Satz: Fotosatz Otto Gutfreund, Darmstadt
Druck und Bindung: Franz Spiegel Buch GmbH, Ulm

Printed in Germany

ISBN 3 85833 375 1

Marjorie McKee Blanchard
und
Ruth Stafford Peale
gewidmet, für ihre große
Unterstützung und
Kameradschaft und für
ihre Denkart,
die unser Leben geprägt hat.

Inhaltsverzeichnis

Vorwort 9
Ein ethisches Dilemma 13
Die Suche nach Rat 19
Die ethische Kontrolle 21
Ist es rechtmäßig? 25
Ist es ausgewogen? 29
Von der Selbstachtung 33
Zusammenfassung:
Die drei Fragen zur ethischen Kontrolle 39
Von der Bedeutung des guten Vorbildes 41
Stellung beziehen 47
Der Konflikt zwischen Recht und Wirklichkeit 51
Die Zusammenkunft mit dem Lebensberater 55
Probleme zu Chancen machen 57
Die fünf Schritte, die zur ethischen Kraft führen 63
Zweck – der erste Schritt 67
Stolz – der zweite Schritt 73
Geduld – der dritte Schritt 87
Beharrlichkeit – der vierte Schritt 95
Besonnenheit – der fünfte Schritt 105

Zusammenfassung:
Die fünf Schritte, die zur ethischen Kraft führen 119
Umsetzung der fünf Schritte 121
Eine kleine organisatorische Hilfe 123
Die Notwendigkeit
einer ethischen Organisationsstrategie 125
Die Zusammenkunft
mit dem Unternehmensberater 129
Der Zweck des Unternehmens 131
Vom Stolz auf das Unternehmen 141
Von der Geduld des Unternehmens 153
Von der Beharrlichkeit des Unternehmens 163
Von der unternehmerischen Besonnenheit 167
Ein Glaubensbekenntnis:
Die fünf Schritte, die zur ethischen Kraft führen,
auf ganze Firmen angewendet 179
Was tun? 183
Die Entscheidung 189
Danksagung 199
Zu den Verfassern 201

Vorwort

Als wir dieses Buch schrieben, kam uns die Geschichte jenes jungen Engländers in den Sinn, der vor kurzem ins Parlament gewählt worden war. Nun, als er zum ersten Mal das Regierungsgebäude betrat, ging er auf einen gestandenen Parlamentarier zu und fragte ihn: »Sagen Sie mir bitte, Sir, soll ich Ihrer Meinung nach an der heutigen Debatte teilnehmen?«

Der alte Herr sah ihn durchdringend an und sagte: »Um ehrlich zu sein, junger Mann, empfehle ich Ihnen zu schweigen. Es ist besser, wenn sich die Leute fragen, weshalb Sie nichts gesagt haben, als, weshalb Sie gesprochen haben.«

Derselbe Ratschlag könnte wohl für die Verfasser eines Buches über die Ethik in der Geschäftswelt gelten. Viele Menschen haben uns gesagt: »Es ist lobenswert und mutig, zur Ethik Stellung zu nehmen. Sich mit einem solchen Thema auseinanderzusetzen ist jedoch wie das Entwirren einer Angelschnur: Je länger Sie daran arbeiten, desto verwirrender wird die Geschichte.«

Doch da wir positiv denken, ließen wir uns durch solche

Warnungen von unserem Vorhaben nicht abbringen. Wo immer man sich heute umsieht, trifft man auf Anzeichen ethischen Verfalls. Im Bereich der öffentlichen Verwaltung führte der New Yorker City-Parkschein-Skandal dazu, daß einige der höchsten Beamten der Stadt hinter Schloß und Riegel landeten. Im Geschäftsleben sahen wir, wie hochintelligente junge Männer auf unmoralische Weise Millionen verdienten, indem sie sich Berufsgeheimnisse zunutze machten. Und im Bereiche der Ausbildung sind Fälle zu erwähnen wie derjenige der Southern Methodist University, die ihr Recht, Fußball zu spielen, verlor, weil ihre Unter-der-Hand-Zahlungen an Spieler in der Presse breitgetreten wurden.

Offensichtlich glaubten alle diese Menschen, von denen viele angeblich außergewöhnliche und würdige Bürger und allesamt sehr gebildet waren, sie müßten betrügen, um zu gewinnen. Genau wie viele andere Menschen meinen, daß der Anständige den kürzeren zieht.

Diese Überzeugung teilen wir nicht. Wir glauben, daß der Manager mit ethischen Prinzipien der erfolgreiche Manager ist. Wir glauben, daß ein strenger Moralkodex in sämtlichen Geschäftsbereichen der erste Schritt zum Erfolg ist. Mit diesem Buch möchten wir den Beweis antreten.

Viele Leute haben uns gefragt, wie wir denn zusammengekommen seien. Zugegeben, ein Pfarrer und ein Unternehmensberater sind ein ungleiches Paar. Doch kurz nachdem uns Larry Hughes, Vorsitzender der Hearst-Trade-Book-Gruppe und früherer Direktor der

William Morrow and Company, unseres Verlegers, miteinander bekannt gemacht hatte, merkten wir, daß wir dieselbe Überzeugung hatten.

Wir waren uns beide darüber einig, daß die ethische Haltung mit der Selbstachtung zu tun hat. Beide wissen wir, daß Menschen, die mit sich in innerem Einklang leben, fähig sind, dem Druck von außen zu widerstehen und das Richtige zu tun, anstatt das, was bloß zweckmäßig, beliebt oder erfolgbringend ist.

Ein gutes Team zu sein, um ein Buch zu schreiben – das glaubten wir auch deshalb, weil wir während unseres Lebens und unserer Laufbahn stets versucht haben, ähnlich schwierige Aufgaben in Angriff zu nehmen und darüber in einer einfachen, leichtverständlichen Sprache zu sprechen. Das war der Fall in unseren Büchern »Die Kraft positiven Denkens« und »Der 01-Minuten-Manager«.

Dieses Buch ist in der Form einer Parabel geschrieben, denn wir glauben beide, daß man von Geschichten am besten lernt. Dürfen wir Sie einladen, in dieser Geschichte der »sorgenbeladene Manager« zu sein? Widerstehen Sie dabei der üblichen Versuchung, die Umsetzung unserer Geschichten und ihrer äußeren Umstände anzuzweifeln, bloß weil sie Ihrer eigenen, persönlichen Situation nicht genau entsprechen. Auch wenn Sie nicht Verkaufsleiter sind und sich auch gar nicht im Geschäftsleben befinden, werden Sie in den von uns dargelegten Situationen gemeinsame ethische Probleme erkennen. Insofern können wir alle von diesen Geschichten und Schilderungen lernen.

»Positiv führen« ist für Sie bestimmt – für uns alle, die wir je versucht gewesen sind, vom uns bekannten richtigen Weg abzuweichen. Dieses Buch richtet sich auch an Manager, deren Sorge es ist, zur Schaffung einer gesunden Arbeitsatmosphäre beizutragen, in der die Menschen nicht zum Betrug greifen müssen, um zu gewinnen.

Wir hoffen, daß das, was wir in diesem Buch sagen, dazu beiträgt, Ihr Leben und das Leben der Menschen, für die Sie verantwortlich sind, heiterer, erfolgreicher und glücklicher zu machen. Die ethischen Darlegungen dieses Buches sind wahrhaft zeitlose Lebenslektionen.

Kenneth Blanchard
Norman Vincent Peale
1987

Ein ethisches Dilemma

Ich saß zu Hause in meinem Lieblingslehnstuhl, doch ich war unruhig und besorgt. Es war vier Uhr früh. Bereits zum dritten Mal hintereinander war ich zu nächtlicher Stunde erwacht, da mich ein Arbeitsproblem, das mir zunehmend zu schaffen machte, plagte und quälte.

Als Verkaufsleiter eines großen, im High-Tech-Bereich tätigen Unternehmens, das sich auf einem hartumkämpften Markt befindet, erlebt man mitunter schwierige Momente. Und in einem solchen befand ich mich eindeutig. Während fast sechs Monaten waren die Verkäufe zurückgegangen; mein Vorgesetzter übte Druck auf mich aus, damit die Umsatzzahlen stiegen. Während eines Monats hatte ich verzweifelt einen erfahrenen Spitzenverkäufer für meine Kundenberatungsabteilung gesucht; vor drei Tagen hatte ich ein Bewerbungsgespräch mit einem sehr geeigneten, aussichtsreichen Kandidaten.

Von dem Augenblick an, da er selbstsicher mein Büro betrat, spürte ich, daß dieser Mann genau das war, was ich suchte. Im Verlaufe des Gesprächs war ich zunehmend von ihm überzeugt. Ich konnte mich offensichtlich glücklich schätzen, diesen Mann einzustellen. Er konnte außergewöhnliche Verkaufserfolge nachweisen und kannte unsere Branche bis in alle Einzelheiten. Überaus beachtenswert war dabei, daß er vor kurzem seine hervorragende Stelle bei unserem schärfsten Konkurrenten aufgegeben hatte – und dies nach sechs Jahren erfolgreicher Tätigkeit in jenem Unternehmen.

Im Verlauf unseres Gesprächs wurde mir bewußt, daß dieser Verkäufer allen anderen Bewerbern, die ich gesprochen hatte, in jeder Hinsicht bei weitem überlegen war. Eben entschloß ich mich, ihn einzustellen (lediglich ein, zwei Telefonanrufe zur Überprüfung seiner Referenzen waren noch zu machen) – da lächelte er mir zu, griff in seine Aktenmappe und zog daraus einen kleinen quadratischen Umschlag hervor. Aus diesem nahm er eine Computer-Diskette und hob sie in die Höhe, als wäre sie ein unbezahlbarer Edelstein.

»Wissen Sie, was auf dieser Diskette ist?« fragte er mich. Ich schüttelte den Kopf. Immer noch lächelnd ging er mit vor Selbstsicherheit fast bebender Stimme dazu über, mir zu erklären, daß die Diskette unschätzbar wertvolle Informationen über unseren Konkurrenten, seinen früheren Arbeitgeber, enthalte, einschließlich Daten über alle seine Kunden und die Kostenanalyse eines größeren Angebots eines Verteidigungsvertrags, um den sich unser Unternehmer ebenfalls bewarb. Als wir das Gespräch beendeten, versprach er mir – falls ich ihn einstellen würde –, diese Diskette und noch viel mehr dieser Art mitzubringen.

Nachdem er mein Büro verlassen hatte, empfand ich zu

dem, was eben geschehen war, zweierlei: Meine erste Reaktion war Empörung. Wie in aller Welt konnte er so etwas tun? Ich wußte, daß sein Ansinnen falsch war und er daher nicht die Art Mitarbeiter war, die ich in meiner Gruppe wünschte. Meine zweite Reaktion war nicht so schnell und gefühlsbetont, doch als sie eintrat, war mir klar, daß es sich um etwas handelte, das ich nicht einfach so beiseiteschieben konnte. Je länger ich darüber nachdachte, desto mehr wurde mir klar, daß dieser Mann mir und unserem Unternehmen buchstäblich eine Goldmine feilbot. Er hatte mir genügend erzählt, um mich zu überzeugen, daß ich – sofern ich ihn einstellte – mit großer Wahrscheinlichkeit nicht nur jenen wichtigen Verteidigungsvertrag abschließen könnte, sondern auch weitere große Verträge: Fische, die ich während der vergangenen drei Jahre vergeblich an Land zu ziehen versucht hatte. All das lag nun in greifbarer Nähe. Es war mir klar, daß dies eine Chance war, die sich einem nur einmal im Leben bietet. Und eine solche Chance konnte ich jetzt, weiß Gott, brauchen.

Eines unserer Kinder besuchte bereits das Gymnasium, und die beiden anderen standen kurz davor; deshalb machte sich bei uns allmählich ein finanzieller Engpaß bemerkbar. Ich spürte, daß sich die Dinge – sofern nicht eine Wende zum Guten eintrat – verschlechtern würden. Es gab keine bessere Gelegenheit, befördert zu werden, als jetzt, denn der Kollege, der den Verkauf und das Marketing betreute, stand kurz vor der Pensionierung, und mein Vorgesetzter sollte demnächst befördert werden. Die Regelung seiner Nachfolge gab, seit ich in diesem

Unternehmen tätig war, Anlaß zu heftigstem Getuschel. Angesichts der sinkenden Verkaufszahlen meiner Abteilung hatte ich mir nicht mehr die leiseste Chance ausgerechnet. Doch all das war vor meinem Interview mit jenem Kundenberater. Jetzt war jedoch für mich die Gelegenheit gekommen, einen gewaltigen neuen Vertrag an Land zu ziehen.

Ich spürte, wie ich zwischen Empörung und Versuchung hin und her gerissen war, und beschloß, die Angelegenheit mit einem unserer höchsten Manager zu besprechen. Er hatte mir in all den zwölf Jahren meiner Betriebszugehörigkeit stets mit Rat und Tat beigestanden. Nachdem ich ihm die Situation geschildert hatte, antwortete er mir zu meinem Erstaunen kurz, knapp und klar.

»Stellen Sie den Kerl an, bevor es jemand anderes tut. Ich weiß, daß es riskant ist; zum andern versucht jeder in unserer Branche, auf jede nur denkbare Weise verläßliche Hinweise über Konkurrenten zu erhalten. Wenn Sie aber das Eisen nicht schmieden, solange es heiß ist, verlieren wir womöglich einen entscheidenden *Konkurrenzvorteil.*«

Die Art und Weise, wie er das Wort »Konkurrenz« betonte, war typisch für meinen Vorgesetzten: Dieses Wort, mit diesem Nachdruck und dieser Betonung gesprochen, war, wie ich wohl wußte, seit eh und je die Waffe, mit der er uns begegnete.

Als ich sein Büro verließ, klopfte er mir auf die Schulter und zwinkerte mir zu, als wollte er mir bedeuten, daß ich schon das Rechte tun würde.

Ich ging den Gang entlang zu meinem Büro. Da traf ich meine beste Assistentin an, eine aufgeweckte, energische

Mitarbeiterin. »Sie schauen besorgt drein«, sagte sie. »Stimmt irgend etwas nicht?«

Ich gab ihr rasch ein Zeichen, mir ins Büro zu folgen. Als wir dort angekommen waren, schloß ich die Tür und erzählte ihr die ganze Geschichte. Ihre Antwort war genau das Gegenteil von der meines Ratgebers. Sie schaute mir unverblümt in die Augen und sagte:

»Nun hören Sie mal gut zu. Überlegen Sie sich doch, mit welchem Gedanken Sie sich herumtragen. Was dieser Kerl tut, ist unehrlich, und wenn Sie ihn anstellen, unterstützen Sie noch sein Verhalten. Zudem gibt es keine Gewähr dafür, daß er nicht auch *uns* bestiehlt und unsere Information dem Meistbietenden feilhält.«

Ich nickte, denn daran hatte ich auch schon gedacht.

»Außerdem«, fuhr sie fort, »wenn es je ans Tageslicht kommt, daß Sie ihn eingestellt haben, wohl wissend, daß er Geheiminformationen gestohlen hat, fällt das auf Sie zurück, und unsere Firma gerät in einen schlechten Ruf.«

Nachdem Sie mein Büro verlassen hatte, wurde mir bewußt, daß meine beiden Ratgeber, statt mir zu helfen, meine Entscheidung noch schwieriger gemacht hatten. Ich fragte mich, was tun. Ihn einstellen oder ihm danke und auf Nimmerwiedersehen sagen? Oder sollte ich ihn vielleicht einstellen, aber seine gestohlenen Informationen ablehnen? Zum andern, könnte ich ihm trauen und glauben, daß er nach seiner Einstellung ehrlich wäre? Und was wäre, wenn ich ihn einstellen und mich zuvor bei seinem früheren Arbeitgeber erkundigen würde?

All diese Gedankengänge hielten mich mitten in der Nacht wach, als ich mir das Problem durch den Kopf gehen ließ. Im Innersten wußte ich, daß das, was dieser Kundenberater tat, unredlich war. Es war mir auch bewußt, daß es Mut braucht, für das einzustehen, was einen das Richtige und Rechte dünkt. Zum andern wollte ich kein Naivling sein. Wenn andere dasselbe täten und die Konkurrenz die Gelegenheit wahrnähme, verläßliche Informationen und Verkaufszahlen auf dem Silbertablett serviert zu bekommen – nun denn: Sollte ich ihn vielleicht nicht doch einstellen?

Mir fiel nicht ein, an wen ich mich sonst noch um Rat wenden könnte. Mein Vorgesetzter war derzeit am Firmenhauptsitz in Chicago; alles, was er sagen oder schreiben würde, konnte die Sache nur noch verschlimmern. Der Chef unserer Abteilung stand vor der Pensionierung und kümmerte sich wohl kaum mehr um die Firmenangelegenheiten. Der Direktionsvorsitzende war mir unbekannt: Ich sah ihn nur selten und wußte von seiner Ansicht über Geschäftsethik nichts.

Es wurde mir klar, daß ich jemanden um Rat fragen mußte, der in die ganze Angelegenheit nicht direkt einbezogen war. Drei schlaflose Nächte hintereinander waren mir mittlerweile genug. Ich hatte mich nicht entschlossen, jenen Kundenberater einzustellen, ich hatte mich aber auch nicht dagegen entschieden.

»Wie wär's mit einem zweifachen Nichtentscheid?« dachte ich mir und schmunzelte dabei zum ersten Mal nach Tagen und Nächten.

Die Suche nach Rat

Da kam mir eine Bekannte aus meiner Studienzeit in den Sinn. Wir waren beide im Vorstand der Studentenschaft gewesen. Im vergangenen Jahr war das Unternehmen, in dem sie arbeitete, in einen enormen Skandal verwickelt gewesen, weil einige der Manager Zeitkontrollkarten gefälscht und der Regierung überhöhte Rechnungen gestellt hatten. Zu jener Zeit wurde ein neuer Aufsichtsratsvorsitzender verpflichtet. Sogleich bestellte er einen »Ethikchef«, der sich der Beschwerden anzunehmen hatte, schuf einen neuen Ethikkodex und neue Verhaltensrichtlinien, ließ die Kontrollkarten des Unternehmens abstempeln, mit dem ausdrücklichen Hinweis, daß Fehleintragungen ein Verbrechen seien, und organisierte ein obligatorisches Ethik-Ausbildungsprogramm für die Angestellten sämtlicher Hierarchiestufen des Unternehmens. Im Rahmen dieses Programms hatte meine Bekannte einen festen Zweijahresvertrag als Ethikberaterin jenes Unternehmens erhalten, um das neue ethische Konzept und die zugehörige Ausbildung nach Kräften zu unterstützen. Da ich ihre Fähigkeiten gut kannte, überraschte mich ihre Berufung keineswegs. Ihre Rechtschaffenheit und ihr ausgeprägter Sinn für Gerechtigkeit standen seit eh und je außer jedem Zweifel.

Die ethische Kontrolle

Ich war froh, sie am vereinbarten Abend treffen zu können. Meinen Erläuterungen hörte sie nachdenklich zu. Als ich ihr alles erzählt hatte, fragte ich sie: »Wenn jemand in deinem Unternehmen mit einem solchen Problem zu dir käme – was würdest du ihm raten?«

»Ich würde ihn einer ethischen Kontrolle unterziehen«, antwortete sie.

»Ethische Kontrolle, was ist das?« fragte ich sie.

»Also: Die ethische Kontrolle hilft jedem, aus solchen Zwickmühlen herauszukommen, indem sie ihm zeigt, wie ein Problem auf verschiedenen Ebenen angepackt werden kann. Die ethische Kontrolle besteht aus drei Fragen, von denen jede einen Teil der Entscheidung beantwortet. Die ethische Kontrolle hilft einem, die Ungewißheit ethischer Situationen zu klären. Mir scheint«, fuhr sie fort, »daß es derzeit in unserem Lande eine Menge Menschen gibt, die sich in eine beklemmende Lage hineinmanövriert haben, weil sie unethische Entscheidungen getroffen haben – Entscheidungen, von denen sie genau wissen, daß sie unmoralisch sind. Das war in unserem Unternehmen zweifellos der Fall. Viele Menschen behaupten, es gebe heutzutage eine beachtliche Grauzone zwischen Recht und Unrecht, und sie machen sich diese Grauzone zunutze – gewissermaßen als Entschuldigung, um sich in ihrem Handeln nicht um die Ethik kümmern zu müssen. Diesem Gedankengang gehen wir nach. Dabei sind wir zu der Überzeugung gekommen, daß man ethische Probleme zu einem gut Teil entwirren kann, wenn man sich die Zeit nimmt, die jeweilige Situation genau zu untersuchen. Es ist einfach, sich gedankenlos Hals über Kopf in eine Sache zu stürzen und sich dann hinterher über die Folgen des Verhaltens Gedanken zu machen. Das Entscheidende aber ist:

Der rechte Weg
führt nie
zu etwas
Unrechtem.

Platz für eigene Notizen

In meinem Fall bedeutet das:

Ist es rechtmäßig?

Meine Bekannte fuhr fort: »Wir haben den Eindruck, daß die meisten Menschen wissen, was Recht und was Unrecht ist. Es hilft ihnen aber, sich über die Folgen klarzuwerden, wenn sie im Zusammenhang mit einem ethischen Problem drei Fragen beantworten.«

Ich nahm meinen Schreibblock zur Hand.

»Die erste Frage lautet schlicht und einfach: *Ist es rechtmäßig?*«

Dies notierte ich mir. Als ich aufschaute, sah mich meine Bekannte scharf und fragend an. »Nun«, sagte sie, »ist es rechtmäßig?«

»Das zu beantworten bereitet mir keine Mühe«, erwiderte ich. »Was diesen Kundenberater betrifft, so lautet meine Antwort eindeutig und klar nein. Er stiehlt Informationen, die das Eigentum anderer sind.«

Meine Bekannte nickte mir zu. »Nach Ansicht unseres Unternehmens brauchst du, wenn du diese erste Frage verneinst, die anderen beiden überhaupt nicht mehr in Erwägung zu ziehen.« Eine Zeitlang sagte sie nichts und schaute nachdenklich drein. »Ich bin mir allerdings noch nicht ganz sicher. Deshalb empfehle ich den Menschen immer, alle diese Fragen zu beantworten, bevor sie ein endgültiges Urteil fällen.«

»Wenn du ›rechtmäßig‹ sagst, sprichst du dann nur vom Zivilrecht oder vom Strafrecht?«

»Mehr als das«, entgegnete meine Bekannte. »Wir beziehen auch die Unternehmenspolitik mit ein. Im vorliegenden Fall geht es jetzt um unseren neuen Ethikkodex und um die Verhaltensmaßregeln.«

»Und was sagt diese Politik dazu?«

»Sie besagt, daß jeder unserer Angestellten für die Rechtmäßigkeit und die Folgen seiner Handlungen verantwortlich ist. Jeder einzelne Angestellte hat den höchsten Anforderungen an die Ehrlichkeit, die Rechtschaffenheit und die Redlichkeit zu genügen, wenn er für unser Unternehmen tätig ist – insbesondere was die Beziehungen zu Kunden, Konkurrenten, Lieferanten, zur Öffentlichkeit und zu den anderen Mitarbeitern betrifft. Was uns vorschwebt und was wir jetzt erwarten, ist, daß kein Angestellter, der auf unserer Gehaltsliste ist oder im Namen unseres Unternehmens eine Tätigkeit ausübt, irgend etwas unternimmt, was unredlich, gesetzeswidrig oder unmoralisch ist (oder einen entsprechenden Eindruck machen könnte) oder auf irgendeine Weise unserem Unternehmen oder unseren Kunden schaden oder sie sonst irgendwie behelligen könnte.«

Ich bewunderte ihre Fähigkeit, die ethische Politik des Unternehmens derart klar darzulegen, und sagte zu ihr: »Unsere Firma könnte eine solche Politik auch sehr wohl gebrauchen.«

»Welcher Art unser Unternehmen sein soll, war die eindeutige Anweisung unserer obersten Firmenleitung«, sagte meine Bekannte. »Doch bevor du uns über alle Maßen lobst, will ich dir sagen, daß diese neue Politik zu einem gut Teil das Ergebnis unethischen Verhaltens ist, dem man zuvor durch das ganze Unternehmen hindurch auf die Schliche gekommen war.«

Ist es ausgewogen?

»Kein schlechter Anfang, um die Dinge in den Griff zu bekommen«, sagte ich. »Es wird mir auch deutlich, daß ein Unternehmen eine unmißverständliche und schriftlich niedergelegte Politik braucht, wenn es von seinen Angestellten ethisches Verhalten verlangt und sie dazu anhalten will. Welches ist aber die zweite Frage bei der ethischen Kontrolle?«

»Ist es ausgewogen?« entgegnete mir meine Bekannte. »Damit meinen wir, ob eine Entscheidung gerecht ist oder kurz- oder langfristig einem Beteiligten zu Lasten eines anderen eindeutig zum Vorteil gereicht.«

Ich schrieb mir diese zweite Frage auf und fragte sie: »Du meinst, es geht darum, ob es einen Gewinner und einen Verlierer gibt? Das erinnert mich an die kurz aufeinanderfolgenden rücksichtslosen Geschäftsübernahmen, die jüngst stattgefunden haben, bei denen sich Aktionäre und Händler buchstäblich zerfleischten, während die Angestellten und andere Menschen, die mit der Firma verbunden waren, das Nachsehen hatten.«

»Ein gutes Beispiel«, nickte sie mir zu. »Wir sind der

Ansicht, daß einseitige Entscheidungen, bei denen es bloß um Gewinnen oder Verlieren geht, unvermeidlich zu Situationen führen, in denen beide Teile verlieren. Anders gesagt: Wenn in unserem Unternehmen jemand eine Entscheidung trifft, die ihm oder unserem Unternehmen auf Kosten eines anderen zum Vorteil gereicht – sei es nun ein anderer Angestellter, ein Lieferant, ein Kunde oder gar ein Konkurrent –, so fällt es letztlich auf ihn oder das Unternehmen zurück und bringt ihm großen Schaden. Nicht jeder kann in jeder Situation stets zu gleichen Teilen gewinnen, doch wir wollen größeres Ungleichgewicht im Rahmen unserer Geschäftsbeziehungen vermeiden.«

Ich dachte an mein eigenes Problem und meinte dann: »Wenn ich mich entschließe, jenen Kundenberater einzustellen und seine Konkurrenzinformationen zu benutzen, so wäre das für unser Unternehmen wohl ein großer Gewinn, für unseren Konkurrenten dagegen ein großer Verlust.«

»So ist es«, sagte meine Bekannte. »Und wenn die Geschichte ans Tageslicht kommt, wird dein Konkurrent alle Hebel in Bewegung setzen, um es dir heimzuzahlen. Er wird sich überlegen, welche Spitzenkräfte er dir abwerben kann oder welche Informationen er über dein Unternehmen erhalten kann, um sie gegen dich zu verwenden.«

»Und unsere Geschäftsbeziehungen würden schließlich ein schlimmes Ende nehmen«, fügte ich hinzu.

»Und während der Zeit, in der ihr euch gegenseitig verschleißt«, sagte sie, »überrundet euch womöglich ein anderer Konkurrent. Oder was noch schlimmer wäre: Ihr bringt eure Branche unter Umständen in Verruf. Je mehr die Führungskräfte in unserem Unternehmen über Ethik gesprochen haben, desto deutlicher wurde uns, daß wir uns auch unserer Branche gegenüber loyal verhalten müssen. In einer absatzgeplagten Branche die Nummer eins zu sein bringt noch lange keinen Segen. Denn wenn die Kunden den Angestellten deines Unternehmens zu mißtrauen beginnen, so wirkt sich das auf alle, die in diesem Bereich tätig sind, aus.«

»Ich wünsche mir, daß unser Konkurrent in einer solchen Situation keinen unserer Angestellten einstellt«, sagte ich. »Doch wenn ich mich frage, ob es von mir richtig ist, diesen Kundenberater einzustellen – trotz seiner geheimen Informationen –, so lautet meine Antwort eindeutig nein. Auch wenn ich mich nun bereits zweimal zu einer Absage entschieden habe, will ich dich doch fragen, welches die letzte Frage zur ethischen Kontrolle ist.«

Von der Selbstachtung

»Die letzte Frage gibt den Ausschlag«, antwortete meine Bekannte. »Wer sich überlegt, ob eine Entscheidung ethisch ist oder nicht, sollte sich fragen: *Fühle ich mich dabei wohl?*«

»Es überrascht mich, daß das eine Frage ist. Ich habe immer gedacht, daß man bei der Frage nach der *Rechtmäßigkeit* für das Richtige und Rechte eintritt, ohne sich darüber Gedanken zu machen, inwiefern es einem dabei wohl ist.«

»Das ist der Grund, weshalb wir drei Fragen gewählt haben. Die Frage nach der Rechtmäßigkeit bezweckt, daß du die bestehende Norm unter die Lupe nimmst; die Frage nach der Ausgewogenheit schärft dein Gespür für Fairneß und Vernunft, und die letzte Frage zielt auf deine Gefühle und deinen eigenen Moralbegriff ab.«

»Damit meinst du also, daß du dir schlecht vorkommst, wenn du etwas tust, was deinem Gefühl für Gerechtigkeit im Innersten zuwiderläuft?«, fragte ich.

»Ja«, lautete ihre Antwort. »Eine unethische Tat untergräbt die Selbstachtung. Fragen wie ›Wie wäre mir zumute, wenn das, was ich zu tun gedenke, in den Zeitungen breitgetreten würde?‹ oder ›Möchte ich, daß es meine Familie erfährt?‹ haben gleichfalls mit dieser Frage zu tun. Denn merke:

Ein
gutes
Gewissen
ist das beste
Ruhekissen.

Platz für eigene Notizen

In meinem Fall bedeutet das:

»Das trifft, weiß Gott, auf mich zu«, sagte ich. »Seit ich mich diesem ethischen Problem gegenübersehe, kann ich überhaupt nicht mehr schlafen.«

»Deine Ruhelosigkeit ist wahrscheinlich ein Zeichen dafür, daß dein Gewissen mit deinem Überlebenswillen im Widerstreit ist. Du versuchst, deine Berufsziele zu erreichen und dabei das Richtige zu tun. Schau mal, ich bin überzeugt, daß dir dein Gewissen von allem Anfang an gesagt hat, daß die Absichten jenes Kundenberaters unredlich sind. Er hat gestohlen, und wenn du ihn einstelltest, so würdest du sein unethisches Verhalten gutheißen, oder etwa nicht?«

»Natürlich!«

»Was deinem Gewissen all die Zeit zu schaffen gemacht hat und dich vom Schlaf abhielt, war das Bewußtsein, daß du ernsthaft etwas zu tun beabsichtigst, von dem du wußtest, daß es falsch war, und du trugst dich mit diesen Gedanken, weil es kurzfristig deiner Karriere dienlich sein könnte. Ist nicht das das Problem?«

»Eindeutig«, gab ich zu, »und ich bin dabei auch mit mir selbst nicht im reinen gewesen. Deine ethische Kontrolle ist mir eine große Hilfe.« Dabei machte ich mir einige Notizen. Meine Bekannte wartete unterdessen.

Danach sagte ich: »Ich möchte mich vergewissern, ob ich die drei Fragen richtig notiert habe.«

Zusammenfassung: Die drei Fragen zur ethischen Kontrolle

1. Frage:

Ist es rechtmäßig?

Verstoße ich gegen das Recht oder gegen die Unternehmenspolitik?

2. Frage:

Ist mein Vorhaben ausgewogen?

Ist es allen Betroffenen gegenüber sowohl kurz- als auch langfristig fair?

3. Frage:

Wie steht es mit meiner Selbstachtung?

Erfüllt es mich mit Stolz? Wie wäre mir zumute, wenn meine Entscheidung in der Zeitung veröffentlicht würde? Wie wäre mir zumute, wenn meine Familie davon erführe?

Platz für eigene Notizen

In meinem Fall bedeutet das:

Von der Bedeutung des guten Vorbilds

Indem sie auf meine Notizen schaute, sagte meine Bekannte: »Die für das ethische Training Verantwortlichen sind davon überzeugt, daß die ständige Anwendung der Fragen zur ethischen Kontrolle jeden von uns zu einem Muster des ›richtigen‹ Verhaltens führt, das schließlich zur Gewohnheit wird.

Es geht darum, viele Manager bei der richtigen Entscheidungsfindung ein bißchen anzuleiten und zu unterstützen. Nachdem du jetzt die Dinge für dich zurechtgelegt hast, könntest du für andere vielleicht ein Vorbild sein. In unserem Unternehmen versuchen wir den Managern klarzumachen, daß sie nicht nur für das rechtmäßige Handeln der Firma verantwortlich sind, sondern auch eine Verantwortung jenen Mitarbeitern gegenüber haben, die sich an die Vorgesetzten wenden und von ihnen Führungsentscheide erwarten. Du könntest auf die Menschen, mit denen du zu tun hast, einen entscheidenden Einfluß ausüben.«

»Du glaubst also, daß Führung von oben nötig ist, um aus den Menschen das Beste herauszuholen?« fragte ich.

»Ganz eindeutig«, antwortete meine Bekannte. »Ich kann nicht genug betonen, wie wesentlich es ist, daß wir uns vorbildlich benehmen. Wie viele Eltern zum Beispiel schauen weg, wenn sie sehen, daß ihre Kinder etwas Unrichtiges machen. Ich bin sicher, daß dies auch bei Geschäftsleuten der Fall ist. Die übliche Entschuldigung lautet dann jeweils: ›Jeder tut's ja, und jeder läßt es durch – weshalb sollte ich mich denn dagegen verwahren?‹«

»Das hat doch einiges mit dem Ratschlag zu tun, den ich erhalten habe, als ich fragte, ob ich jenen unehrlichen Kundenberater einstellen soll«, sagte ich.

»Und wenn du dich um ein ethisches Problem drückst«, ergänzte meine Bekannte, »billigst du es im wesentlichen. Und wenn du das tust, bist du ein schlechtes Vorbild. Nie werde ich jenen Artikel von Jack Griffin vergessen, der in der ›Chicago Sun Times‹ veröffentlicht wurde. Die Überschrift lautete: ›In Ordnung, mein Sohn, alle tun es.‹« Sie griff in ihre Handtasche. »Ich habe eine Kopie davon mitgebracht.«

In Ordnung, mein Sohn, alle tun es

von Jack Griffin

Johnny war sechs Jahre alt, als er mit seinem Vater im Wagen fuhr und dieser wegen Geschwindigkeitsübertretung angehalten wurde. Sein Vater reichte dem Polizeibeamten einen 20-Dollar-Schein und seinen Führerschein. »In Ordnung, mein Sohn«, sagte der Vater, als sie weiterfuhren. »Alle tun es.«

Als Johnny acht war, durfte er einem Familienrat beiwohnen, den sein Onkel George leitete. Dabei ging es um die sicherste Methode, bei der Steuererklärung nicht das gesamte Einkommen anzugeben. »In Ordnung, mein Junge«, sagte sein Onkel, »alle tun es.«

Als er neun Jahre alt war, nahm ihn seine Mutter erstmals zu einer Theateraufführung mit. Der Mann an der Kasse hatte keine Plätze mehr frei – bis Johnnys Mutter aus ihrem Geldbeutel zusätzlich fünf Dollar hervorholte. »In Ordnung, mein Sohn«, sagte sie, »alle tun es.«

Als er zwölf war, zerbrach er auf dem Schulweg seine Brille. Seine Tante Francine überzeugte die Versicherungsgesellschaft, daß die Brille gestohlen worden sei, was 75 Dollar einbrachte. »In Ordnung, mein Junge«, sagte sie, »alle tun es.«

Als er fünfzehn war, spielte er als Mittelstürmer in der Schülermannschaft. Sein Trainer zeigte ihm, wie man den Ball abblockt und den Gegner so geschickt am Trikot festhält, daß es der Schiedsrichter nicht sehen kann. »In Ordnung, mein Junge«, sagte der Trainer, »alle tun es.«

Als er sechzehn Jahre alt war, arbeitete er während der Sommerferien im Supermarkt. Seine Aufgabe bestand darin, die überreifen Erdbeeren unten in die Schachteln zu legen und die guten, schönen, die man dann sah, obendrauf. »In Ordnung, mein Junge«, sagte der Filialleiter, »alle tun es.«

Mit achtzehn bewarben sich Johnny und ein Junge aus der Nachbarschaft um ein Stipendium. Johnny war ein mittelmäßiger Schüler. Sein Mitbewerber zählte zu den drei Prozent, die die Klassenbesten ausmachten, aber er konnte nicht am rechten Flügel Fußball spielen. Das Stipendium erhielt Johnny. »In Ordnung«, sagten seine Eltern, »alle tun es.«

Als er neunzehn war, bot ihm ein Schüler einer oberen Klasse die Prüfungsfragen für 50 Dollar an. »In Ordnung, Kollege«, sagte dieser, »alle tun es.«

Johnny wurde erwischt und mit Schimpf und Schande nach Hause geschickt. »Wie konntest du deiner Mutter und mir so etwas antun?« sagte sein Vater. »Von uns zu Hause kannst du das niemals haben.« Seine Tante und sein Onkel waren ebenfalls entsetzt.

Wenn Erwachsene etwas nicht ausstehen können, so ist es ein Kind, das betrügt...

Nach dem Artikel aus der
»Chicago Sun Times«

»Dieser Artikel trifft den Nagel auf den Kopf«, sagte ich. »Kein Wunder, daß dieser Junge betrog. Niemand ging ihm mit gutem Beispiel voran.«

Meine Bekannte fügte hinzu: »Selbst eine ausbleibende Reaktion kann einen schlechten Einfluß ausüben; denn irgend jemand könnte mitbekommen, ob wir einem Kassierer sagen, daß er uns zuviel Geld zurückgegeben hat, oder ob wir angeblich unbemerkt ein Rotlicht überfahren.«

»Vielen Dank, daß du mir alles so klar dargelegt und mich darauf aufmerksam gemacht hast, wie wichtig es ist, vorbildlich zu handeln«, sagte ich, als ich mich von ihr verabschiedete und mich bei ihr nochmals für die Zeit bedankte, die sie sich für mich genommen hatte.

»Manchmal sehen wir das Wesentliche nicht mehr«, meinte sie lächelnd. »Wir erfinden alle möglichen Entschuldigungen, um unsere unethischen Handlungen zu rechtfertigen, doch letztlich schaden wir uns selbst. Die ethische Kontrolle konzentriert die Dinge auf das Wesentliche.«

Stellung beziehen

Als ich nach Hause fuhr, fühlte ich mich erleichtert. Ich spürte, daß ich nach drei schlaflosen Nächten zum ersten Mal wieder Ruhe finden würde.

Als mich meine Frau ansah, lächelte sie: »Ich sehe, daß du richtig entschieden hast.«

An jenem Abend ließ ich mir die Sache noch einmal durch den Kopf gehen. Bis dahin hatte ich erwogen, den besagten Kundenberater einzustellen, ihm aber aufzutragen, keine gestohlenen Informationen mitzubringen. Doch jetzt war mir restlos klar, daß ich in meiner Gruppe niemanden wollte, dem ich nicht trauen konnte. Es ging nicht mehr um die Sorge, ob sich dieser Mann die Geheiminformationen unseres Unternehmens zu eigen machen würde; ich beschloß, nach einem qualifizierten Kundenberater Ausschau zu halten.

Würde indessen meine Pflicht, ethisch zu handeln, mit meinem Entschluß, den Vertreter nicht einzustellen, aufhören? Sollte ich ihn an seinen früheren Arbeitgeber verweisen? Diese Fragen gingen mir mehrmals durch den Kopf. Zum einen war es unwahrscheinlich, daß man mich als Komplizen hinstellen würde, falls ich über seine Absicht nichts sagte, zum andern war ich nicht gewillt, die Karriere dieses Vertreters womöglich zu ruinieren. Denn dabei wäre mir auch nicht sonderlich wohl gewesen in meiner Haut. Daher beschloß ich, dem Mann offen und ehrlich gegenüberzutreten und ihm genau zu sagen, weshalb ich ihn nicht einstellen wollte.

Als ich am nächsten Tag zur Arbeit ging, rief ich zuerst den Manager an, der mich schon oft gut beraten hatte. Ich sagte ihm, daß ich mich entschlossen habe, die Bewerbung dieses Kundenberaters abzulehnen. »Ich weiß zwar, daß er gut qualifiziert ist und uns seine Konkurrenzinformationen hätten nützlich sein können, doch über längere Zeit gesehen würde ich wohl die Achtung vor mir selbst verlieren. Was er getan hat, ist unrecht, und ihn einzustellen wäre unserer Konkurrenz gegenüber in höchstem Maße unfair.«

»Ich respektiere Ihren Entschluß«, sagte der Manager, »aber Sie sind doch wohl ein bißchen naiv. Wir befinden uns in einer Branche mit harter Konkurrenz. Natürlich hätte er mit uns unter Umständen das gleiche machen können – doch gilt hier wohl die goldene Geschäftsregel: ›Füge anderen das zu, was sie dir bei vertauschten Rollen zufügen würden.‹ Unsere Konkurrenz hätte diesen Kerl vom Fleck weg eingestellt. Machen Sie sich bei Ihrem Chef mit Ihrer Entscheidung nicht wichtig. Ich glaube kaum, daß er dafür Verständnis hätte.«

Ich war enttäuscht, doch seine Antwort kam nicht völlig unerwartet.

Die Reaktion meiner Assistentin zeugte von wesentlich

mehr Verständnis. »Sie haben richtig entschieden«, sagte sie mir. »Denken Sie an das alte Sprichwort: ›Gleich und gleich gesellt sich gern.‹ Wenn Sie diesen Kundenberater mit seinen gestohlenen Informationen eingestellt hätten, wäre das schließlich auf Sie und womöglich auf unser Unternehmen zurückgefallen.«

Der Konflikt zwischen Recht und Wirklichkeit

Daraufhin rief ich den Kundenberater an und sagte ihm, daß ich ihn nicht einstellen würde, obschon er für die zu besetzende Stelle der bestqualifizierte Mann sei. Dann legte ich ihm die Gründe im einzelnen dar. Als ich ihm schließlich alles gesagt hatte, meinte er: »Soeben haben Sie für Jahre die beste Chance verpaßt, Ihre Konkurrenz zu schlagen.«

Ich entschloß mich, alle meine Vertreter über den Vorfall zu informieren und mit ihnen einen Ethikkodex für unsere Abteilung zu besprechen. Als wir einige Tage später unsere Wochenbesprechung hatten, sagte ich ihnen: »Wenn wir betrügen müssen, um Erfolg zu haben, so sollten wir uns das zweimal überlegen.« Als ich mit meinen Leuten die Angelegenheit besprach und ihnen meine Ansicht über ethisches Verhalten darlegte, sah ich ihnen an, daß sie mir mit gemischten Gefühlen begegneten. So sagte einer meiner besten Vertreter: »Und was ist mit der letztwöchigen Aktennotiz unserer Zentrale? Daraus geht doch klar hervor, daß wir gut daran tun, unsere Verkaufszahlen zu erhöhen, und zwar schnell, sonst gibt's in unserer Abteilung womöglich einige Veränderungen.«

Mir war klar, wovon er sprach. Der Druck war größer denn je. Jene Aktennotiz meines Vorgesetzten hatte einen drohenden Unterton. Für mich und auch für andere Abteilungsleiter auf meiner Stufe war die Aussage unmißverständlich: ›Wie ihr zu den Ergebnissen kommt, ist mir egal – Hauptsache, ihr kommt dazu.‹ Dies machte mir eines der vertracktesten Probleme im Geschäftsleben deutlich: *Wie kann man zufriedenstellende Ergebnisse erzielen, konkurrenzfähig bleiben und gleichzeitig der Ethik verpflichtet sein?*

Für mich stellte sich darauf eine weitere, eher persönliche Frage: *Wie kann man seine guten Absichten realisieren?* Die Fragen zur ethischen Kontrolle sind für die richtige Entscheidungsfindung zwar nützlich, sie geben jedoch keine Richtlinien für das richtige Vorgehen.

Als ich an jenem Abend nach Hause kam, sprach ich mit meiner Frau über meine Besorgnis. Meiner Meinung nach, so sagte ich ihr, sei das Schwierigste am ethischen Verhalten die *Durchführung* dessen, was richtig ist, und *nicht* die *Entscheidung*, was richtig ist. »Als ich heute abend nach Hause fuhr«, sagte ich zu ihr, »wurde mir klar, daß ich nichts in der Hand habe, um ethisch zu handeln, wenn ich einem Druck ausgesetzt bin, der sich meinem ethischen Empfinden entgegenstellt. Ich wäre um jeden Rat froh, wie man ethische Entscheidungen durchsetzt.«

Meine Frau erinnerte sich an einen guten Freund ihrer Eltern, der ihnen schon oft mit Rat und Tat beigestanden hatte. Er war Geistlicher und seit kurzem auch Lebensberater, der den Menschen in ihrer Bedrängnis half. »Warum fragst du nicht ihn?« sagte meine Frau. »Er würde sich bestimmt für die Situation, in der du dich befindest, interessieren. Er ist in jeder Beziehung ein positiv denkender Mensch.«

Ich rief den Berater an und vereinbarte mit ihm ein Gespräch in der folgenden Woche.

Die Zusammenkunft mit dem Lebensberater

Als ich das Büro des Beraters betrat, begrüßte er mich freundlich und mit herzlichem Handschlag. Er strahlte genau die Zuversicht und Lebensfreude aus, wie sie mir meine Frau beschrieben hatte. Alles – er und sein Büro – war dazu angetan, daß ich mich wie zu Hause fühlte.

Als wir uns setzten, begann ich, ihm von dem ethischen Dilemma zu erzählen, in dem ich mich jüngst befunden hatte. Ich berichtete ihm alles über jenen Kundenberater, die mangelnde Unterstützung, die ich bei meiner Entscheidung in meinem Unternehmen erhalten hatte, und das Gespräch, das ich mit meiner Bekannten über die Fragen zur ethischen Kontrolle geführt hatte.

»Daß Ihnen dieses Problem tatsächlich Sorgen bereitet hat, liegt auf der Hand. Als ich mich früher ähnlichen Problemen gegenübersah«, meinte er nachdenklich, »rief ich mir stets in Erinnerung, daß es uns freisteht, nach ethischen Grundsätzen oder eben nach unethischen zu leben. Diese Freiheit, zu wählen und redlich und bescheiden zu handeln, macht uns in der Tat stark. Es ist dasselbe, wie wenn wir uns körperlich stärken. Jedesmal stoßen Sie auf Widerstand. Wenn das Gewicht zu gering ist, um Ihnen diesen Widerstand zu bieten, das heißt, wenn Sie es mit Leichtigkeit heben können, tragen Sie nichts dazu bei, sich zu stärken. Aus diesem Grunde sind die schlimmsten ethischen Probleme tatsächlich Ihre größte Wachstumschance.«

Probleme zu Chancen machen

»Wenn Sie immer nur mit einfachen Entscheidungen konfrontiert sind, so trägt das nichts zu Ihrer *Persönlichkeitsbildung* bei«, fuhr er fort. »Unser freier Wille läßt uns in Situationen geraten, wie Sie sie eben beschrieben haben, und wenn wir sie in Angriff nehmen, gewinnen wir Kraft und Mut.«

»Sie sind ganz offensichtlich Ihrem Ruf treu«, sagte ich zu ihm lächelnd, »denn meine Frau sagte mir, Sie seien ein positiv denkender Mensch.«

»Ja, ich bin ein positiv denkender Mensch«, sagte mein Berater, »weil positiv denkende Menschen zu positiven Ergebnissen kommen. Logischerweise! Da gibt es überhaupt keinen Zweifel!«

Lachend sagte ich: »Ich weiß nicht genau, was Ihre letzte Aussage bedeuten soll, aber sie spricht mich an. Weshalb kommen positiv denkende Menschen zu positiven Ergebnissen?«

»Ein Grund liegt darin, daß sie sich vor dem, was man ein ›Problem‹ nennt, nicht fürchten. In dem Augenblick, da Sie das Wort ›Problem‹ nennen, ist die logische Folge, daß Sie von etwas Negativem sprechen, das so rasch wie möglich beseitigt werden muß. Doch nichts liegt der Wahrheit ferner.«

»Glauben Sie nicht, daß wir mit weniger Problemen besser leben würden?«

»Ich will Ihnen diese Frage mit einer Geschichte beantworten«, sagte mein Berater. »Eines Tages sah ich, wie mir auf der Straße mein Freund George entgegenkam. Seinem niedergeschlagenen Aussehen nach war er kaum voll von Begeisterung und Lebensfreude – nein, es ging ihm verteufelt schlecht.

Ich fragte ihn natürlich, wie es ihm gehe. Das war zwar nur so dahingesagt, doch George nahm mich beim Wort und erzählte mir eine Viertelstunde lang, wie schlecht es ihm gehe. Je länger er redete, desto schlechter fühlte *ich* mich. Schließlich sagte ich zu ihm: »Es tut mir leid, George, daß du derart niedergeschlagen bist. Wie ist es dazu gekommen?« Da brach es aus ihm heraus.

»Es sind meine Probleme«, klagte er, »Probleme, nichts als Probleme. Ich habe genug von all den Problemen. Wenn du mir all meine Probleme vom Hals schaffen könntest, würde ich für einen von dir zu bestimmenden wohltätigen Zweck 5000 Dollar spenden.«

»Ein solches Angebot schlage ich natürlich nie aus«, erwiderte ich und ließ mir sein Angebot durch den Kopf gehen. Schließlich fiel mir eine Antwort ein, die mir recht vernünftig zu sein schien.

»Gestern ging ich zu einem Ort, wo Tausende von Menschen leben. Soweit ich sehen konnte, hatte keiner von ihnen Probleme. Möchtest du dorthin gehen?«

»Wann können wir uns auf den Weg dorthin machen?« fragte George, »das wäre der Ort für mich.«

»Wenn das so ist, George«, entgegnete ich ihm, »so wäre es mir eine Freude, dich morgen zum Woodlawn-Friedhof zu bringen, denn meines Wissens sind nur tote Menschen ohne Probleme.«

Als mein Berater mir das erzählt hatte, mußte ich lachen. »Probleme gehören offenbar unvermeidlich zum Leben«, fügte ich hinzu.

»Richtig«, sagte mein Berater, »und Sie leben vermutlich um so intensiver, je mehr Probleme Sie haben. Wenn Sie überhaupt keine Probleme haben, so befinden Sie sich – vergessen Sie das bitte nicht! – in großer Gefahr; Sie steuern direkt auf die Probleme zu und merken es überhaupt nicht! Wenn Sie wirklich meinen, Sie hätten keine Probleme, so empfehle ich Ihnen, mein Büro sogleich zu verlassen, in Ihren Wagen zu steigen, nach Hause zu fahren, in Ihr Haus zu rennen, schnurstracks in Ihr Zimmer zu gehen, die Türe hinter sich zu schließen und zu beten:

Was ist los,
mein Vater?
Vertraust
Du mir
nicht mehr?
Gib mir Probleme!

»Gott vertraut mir wohl«, sagte ich lachend, »denn ich habe jede Menge Probleme. Bloß das Lösen dieser ethischen Fragen hat mich in Trab gehalten.«

»Ein Mensch mit Prinzipien muß einen klaren Kopf behalten und entschlußfreudig sein, um zu handeln, wie es seinen Wertvorstellungen entspricht«, sagte mein Berater.

»Sie kommen auf mein Hauptproblem zu sprechen«, sagte ich. »Wie kann man sich ethisch korrekt verhalten, wenn man von so vielen Seiten zum Gegenteil gedrängt wird? Sie haben den Vergleich mit dem Gewicht gewählt, das so groß sein muß, daß es einen stärkt. Wie kann man innere Stärke gewinnen, dank der man dem Druck von außen widerstehen kann, und dabei immer das tun, was der eigenen Überzeugung nach in einer heiklen Situation richtig ist?«

Platz für eigene Notizen

In meinem Fall bedeutet das:

Die fünf Schritte, die zur ethischen Kraft führen

»Sie müssen die fünf Schritte zur ethischen Entscheidungsfindung gehen.«

»Die fünf Schritte zur ethischen Kraft?« fragte ich ihn und zog dabei meinen Schreibblock hervor.

»Die fünf wesentlichen Schritte der ethischen Kraft und des ethischen Verhaltens sind unabdingbar für eine echte, dauerhafte Lebenserfüllung. Überaus erfolgreiche und zufriedene Menschen gehen diese fünf Schritte unbeirrt und beharrlich.«

»Was sind denn diese fünf Schritte?« fragte ich neugierig.

»Lassen Sie mich alle diese Schritte auf Ihren Schreibblock notieren«, entgegnete mein Berater. Ich gab ihm meinen Kugelschreiber, und er schrieb folgendes:

Die fünf Schritte,
die zur ethischen
Kraft führen:
Zweck
Stolz
Geduld
Beharrlichkeit
Besonnenheit

Platz für eigene Notizen

In meinem Fall bedeutet das:

Zweck – der erste Schritt

»Wie Sie sehen, heißt das erste Prinzip der ethischen Kraft Zweck«, sagte mein Berater zu mir. »Darunter verstehe ich Lebenszweck, alles, was Sie anstreben oder beabsichtigen, also etwas, worauf Sie ständig Ihr Augenmerk richten.«

»Ist das nicht dasselbe wie ein Ziel?« fragte ich.

»Nein, ein Ziel ist etwas anderes. Ziel ist nicht Zweck. Ein Ziel ist etwas Greifbares. Es ist etwas Bestimmtes, das Sie erreichen können. Es hat einen Anfang und ein Ende. Ein Zweck dagegen ist etwas Unendliches. Er verleiht unserem Leben Sinn und Bestimmung. Das Wort halten, die eigene Überzeugung vertreten, also das tun, was man gesagt hat, oder verantwortungsbewußte Kinder erziehen – das sind Beispiele eines Zwecks. Sehen Sie, ein Zweck läßt sich mit einem besonderen Weg vergleichen, den man einschlagen will. Ein Ziel dagegen ist mit einem Punkt vergleichbar, den man auf diesem Weg erreichen will. So kann es zum Beispiel ein Ziel sein, zu Geld zu kommen; aber wären Sie denn glücklich, wenn das Ihr Lebenszweck wäre? Möchten Sie denn, daß man einst auf Ihrem Grabstein Ihr Durchschnittseinkommen der letzten fünf Jahre Ihres Lebens einmeißelt?«

»Natürlich nicht«, erwiderte ich.

»Geld scheffeln kann zwar ein erstrebenswertes Ziel sein –, es ist aber nicht der Zweck unseres Lebens, obschon sich viele Menschen entsprechend gebärden. Zweck ist mehr. Er ist Ihre Selbsteinschätzung, er spiegelt den Menschen wider, der Sie sein möchten, oder die von Ihnen gewünschte Lebensart. Es ist auch die Art, wie Sie Ihre Aufgabe und Berufung verstehen.«

»Mir scheint, Ihre Definition des Zwecks schließt die Art der beruflichen Tätigkeit, die ein Mensch ausübt, mit ein.«

»So kann man es sagen«, meinte mein Berater.

»Gehört denn unsere Einstellung Ethik und Moral gegenüber zum Zweck, den wir verfolgen?«

»So sollte es sein«, entgegnete er. »Ihre Aussicht, das moralisch Richtige zu tun, ist wesentlich größer, wenn das ethische Verhalten Ihren Zweck mitprägt, das heißt, wenn Sie sich als ethischen Menschen begreifen.«

»Und wie verfolgt man seinen Zweck?« fragte ich. »Wir wissen alle, daß der Weg zur Hölle mit guten Vorsätzen gepflastert ist.«

»Seinen Zweck verfolgen heißt für mich, *mit sich und seinem Leben im reinen sein,* sich so verhalten, daß man mit sich selbst im Einklang ist und daß es einem jederzeit wohl in seiner Haut ist. Etwas vom Besten, was ich kenne, um seinen Zweck zu verfolgen, ist der Spiegeltest.«

»Wie bitte?«

»Der Spiegeltest. Können Sie sich ohne Scham- und

Schuldgefühle im Spiegel betrachten? Wenn Sie das Richtige tun, fühlen Sie sich wirklich wohl. Wenn Sie in den Spiegel schauen, können Sie sich in die Augen sehen. Wenn Sie aber Ihren Lebenszweck vernachlässigen und wissentlich etwas Unrechtes tun, so ist es Ihnen dabei nicht wohl. Da können Sie das, was Sie tun, noch solange vernunftsmäßig erklären – Sie werden sich unwohl fühlen, wenn Sie sich im Spiegel betrachten.«

Mein Berater gab mir daraufhin eine Karte. »Dieses Gedicht, das den Titel ›Der Mann im Spiegel‹ trägt, erläutert das besser, als ich es kann. Lowell Thomas, ein langjähriger Freund von mir, hat es mir einmal nach einem meiner Vorträge gegeben. Dabei sagte er mir: ›Wenn du dieses Gedicht gelesen hättest, wäre dein Vortrag ohne Zweifel wesentlich besser gewesen.‹ Ich habe es stets in meiner Brieftasche und lese es immer wieder. Lange Zeit dachte ich, es sei anonym verfaßt, bis ich dann kürzlich dank einer alten Feuilletonnotiz von Ann Landers herausfand, daß es von einem Mann namens Dale Wimbrow stammt. Er hat es vor längerer Zeit geschrieben, doch der Gehalt gilt nach wie vor für uns alle.«

Der Mann im Spiegel

Wenn du hast, was du willst, im Kampf um dich selbst,
und die Welt dich für einen Tag zum König macht,
so stell dich vor den Spiegel, und schau dich dort an,
und sieh, was *der* Mensch dir zu sagen hat.

Es ist weder dein Vater, deine Mutter, noch deine Frau,
vor deren Urteil du bestehen mußt;
der Mensch, dessen Meinung für dich am meisten zählt,
ist der, der dich aus dem Spiegel anschaut.

Einige Menschen halten dich für entschlossen und aufrecht
und nennen dich einen wundervollen Kerl.
Doch der Mann im Spiegel nennt dich einen Strolch,
wenn du ihm nicht offen in die Augen sehen kannst.

Auf ihn kommt es an, kümmere dich nicht um den Rest,
denn er ist bis ans Ende bei dir.
Du hast die schwierigste Prüfung bestanden,
wenn der Mann im Spiegel dein Freund ist.

Auf dem ganzen Lebensweg kannst du die Welt betrügen
und dir anerkennend auf die Schultern klopfen lassen;
doch dein Lohn werden Kummer und Tränen sein,
wenn du den Mann im Spiegel betrogen hast.

Dale Wimbrow

»Dieses Gedicht veranschaulicht Ihre Aussage außerordentlich«, sagte ich. »Aber ist es nicht so, daß gewisse Leute erst Unrecht tun, um dann sich selbst und andere mit Vernunftgründen glauben zu machen, sie hätten das Rechte getan?«

»Doch, das machen viele Menschen«, sagte mein Berater, »wenn sie sich aber ehrlich in die Augen sehen, so wissen sie in ihrem Innersten, daß sie falsch gehandelt haben. Wenn Sie gegen die Vorstellung, die Sie von sich selbst haben, und gegen Ihr Gerechtigkeitsgefühl verstoßen, können Sie sich nur noch schlecht vorkommen. Es läuft Ihrem Zweck und dem Bild, das Sie von sich als einem Menschen mit Ethik haben, zuwider.«

»Ein derart klarer Zweck ist die Grundlage jeglichen gesunden ethischen Verhaltens«, fügte ich hinzu. »Welches ist aber der zweite Schritt zur ethischen Kraft?«

Stolz – der zweite Schritt

»*Stolz*«, sagte mein Berater. »Was ich in diesem Zusammenhang unter Stolz verstehe, ist das Gefühl der Zufriedenheit, das Sie sowohl aufgrund Ihrer Handlungen empfinden als auch aufgrund derjenigen Tätigkeiten, welche die Ihnen anvertrauten Menschen ausüben – wie zum Beispiel Ihre Familie oder Ihre Angestellten. Wenn Sie Ihren Zweck erfüllen wollen, so müssen Sie an sich glauben und Ihren Fähigkeiten vertrauen. Meiner Überzeugung nach wissen Menschen mit einer gesunden Selbstachtung unfehlbar, wie sie richtig handeln müssen, selbst wenn sie arg unter Druck gesetzt werden, anders vorzugehen. Was Sie kürzlich getan haben, hätten Sie wohl kaum gemacht, wenn Sie nicht über eine ausgeprägte Selbstachtung verfügten.«

»Somit ist Selbstachtung ein entscheidender Faktor für eine ethische Lebensführung«, sagte ich. »Meine Ansicht war aber, daß die wichtigste Frage zur ethischen Kontrolle so lautet: ›Wie ist mir dabei zumute?‹«

»Selbstachtung ist etwas sehr Wichtiges«, sagte mein Gesprächspartner. »Es ist ein gesundes Gefühl und berechtigt uns zu Wohlbefinden und zu Zufriedenheit mit unseren Handlungen. Darum geht es beim Stolz. Viele Menschen haben allerdings zuviel oder zuwenig Stolz. Das Gefühl, minderwertig oder unzulänglich zu sein, wirkt sich oft auf zweierlei Arten aus, wobei beide ihr ethisches Verhalten prägen: falscher Stolz oder Zweifel an sich selbst.«

»Was verstehen Sie unter ›falschem Stolz‹?«

»Falscher Stolz ist eine negative Art, stolz zu sein, die man dann antrifft, wenn Menschen von sich ein falsches Bild haben. Sie meinen, daß ihnen *alle* Verdienste zukommen, daß *alle* guten Ideen von ihnen stammen, daß ihre Arbeit *die wichtigste* ist, daß sie auf die Hilfe anderer nicht angewiesen sind usw.«

»In diesem Fall steigt es einem wohl zu Kopf, und man beginnt, sich selbst zu überschätzen«, fügte ich hinzu.

»So ist es«, bestätigte mein Berater. »Nichts setzt uns schneller außer Gefecht als falscher Stolz: Er macht unseren Zweck zunichte. Was wir brauchen«, sagte er nachdenklich, »ist Stolz mit dem richtigen Maß an Bescheidenheit. Denken Sie daran:

Bescheidene Menschen
denken nicht
weniger an sich…
… Sie denken
einfach weniger
über sich nach.

Platz für eigene Notizen

In meinem Fall bedeutet das:

»Menschen mit falschem Stolz«, fuhr mein Berater fort, »neigen dazu, sich in den Vordergrund zu drängen. Sie entwickeln eine ausgeprägte ›Ich‹-Haltung, und anderen begegnen sie ausgesprochen herablassend. Immer wenn man ihnen gegenüber eine andere Meinung vertritt, kommt es somit zu einer Sieg-oder-Verlust-Situation. Ihr unablässiges Bedürfnis zu gewinnen kann sie – wenn sie nicht recht haben – dazu führen, herumzurechten, zu übertreiben, zu streiten und zu lügen. Sie setzen alles daran, um nicht in einem schlechten Licht zu stehen. Sie lassen in ihrem Stolz keine Niederlage zu und verlieren die Kontrolle über ihr Selbstwertgefühl.«

»Ich kenne eine Menge solcher Menschen«, sagte ich. »Mein Vorgesetzter paßt haargenau auf Ihre Beschreibung. Er täte alles, um unsere Zielvorgabe zu erreichen, denn er hat Angst, in einem schlechten Licht dazustehen. ›Herr Zweckmäßig‹ ist sein Spitzname. Deshalb habe ich ihn nicht um Rat gefragt. Er muß immer recht haben, selbst wenn allen klar ist, daß er nicht recht hat. Sogar eine ungezwungene Plauderei mit ihm hat etwas Wettbewerbsähnliches. Ich habe oft gesagt, daß ich nicht in seiner Haut stecken möchte. Immer recht haben zu wollen, das muß wohl an den Lebensnerv gehen.«

»Und es führt auch zur Einsamkeit; denn falscher Stolz trennt immer«, fuhr mein Berater fort. »Wenn der Wunsch, recht zu haben und alles in Anspruch zu nehmen, das Leben eines Menschen beherrscht, so trennt es ihn von seinem wahren Ich, von anderen Menschen und verhindert jegliches geistiges Wachsen. Wenn wir meinen, auf jede vollkommene Antwort oder allein schon auf die Auslegung von Tatsachen ein Exklusivrecht zu haben, so geraten wir bald einmal in die Defensive und verschließen uns dem lebenswichtigen Feedback, zu dem uns andere Menschen mit wertvollen neuen Ideen und Anregungen verhelfen können.«

»Das trifft auch wieder auf meinen Vorgesetzten zu«, sagte ich. »Alle seine Untergebenen – all die anderen Verkaufsleiter und ich – haben es aufgegeben, ihm Feedback zu verschaffen oder Anregungen vorzubringen; denn jedesmal, wenn wir dies taten, brüllte er uns nur unbeherrscht an. Nachdem wir auf diese Art mehrmals fertiggemacht wurden, haben wir gelernt, unsere Meinung für uns zu behalten.«

»Das ist ein Armutszeugnis, nicht wahr?« seufzte mein Gesprächspartner. »Doch leider ist es für viele Manager typisch.«

»Sie sprachen vorhin vom Zweifel an sich selbst«, fuhr ich fort. »Inwiefern unterscheidet er sich vom falschen Stolz?«

»Menschen, die an sich selbst zweifeln, mögen sich in der Regel selbst nicht, und sie haben in ihr eigenes Urteil meist kein Vertrauen. Die Folge davon ist, daß sie vom Wunsch, geliebt und anerkannt zu werden, besessen sind. Sie wollen kein Aufhebens machen und in der Menschenmenge nicht auffallen. Sie erniedrigen sich ständig. Aus diesem Grunde ist es unter Umständen für solche Menschen schwerer, moralische Stärke zu beweisen; denn sie haben Mühe, gegen äußeren Druck anzukämpfen.«

»Deshalb hören Menschen, die an sich zweifeln, zu sehr

auf andere, wogegen Menschen mit falschem Stolz zuwenig auf andere hören«, folgerte ich.

»So ist es«, meinte mein Berater. »Aus ihrem alltäglichen Verhalten zu schließen, sehen sich Menschen, die an sich zweifeln, im Vergleich zu anderen Menschen als weniger wert, während Menschen mit falschem Stolz sich anderen gegenüber als *wertvoller* betrachten. Beide Verhaltensmuster sind die Folge von Minderwertigkeitsgefühlen oder von einem Mangel an Selbstachtung.«

»Mir ist klar, daß der Zweifel an sich selbst von mangelnder Selbstachtung herrührt, dagegen habe ich Mühe zu verstehen, weshalb auch falscher Stolz die Folge einer geringen Selbstachtung sein soll. Ich habe immer geglaubt, daß Menschen wie mein Vorgesetzter ein übermäßiges Selbstwertgefühl hätten.«

»Als mir diese Eigenart der menschlichen Natur zum ersten Mal bewußt wurde, war auch ich überrascht«, erwiderte mein Berater. »Je länger ich aber dieses Phänomen beobachtete, desto mehr wurde mir deutlich, daß Menschen, die sich so aufführen, als ob nur sie auf der Welt wären und andere überhaupt nicht zählten, versuchen, ihre eigenen Minderwertigkeitsgefühle zu kompensieren. Sehen Sie, wir alle brauchen Bestätigung, brauchen jemanden, der uns anerkennend auf die Schulter klopft – vor allem, wenn wir jung sind.«

»Wenn wir nicht genügend Anerkennung erhalten«, fuhr mein Berater fort, »erkennen wir uns mit der Zeit entsprechend wenig an und verfallen in den Glauben, jedermann sei gegen uns. Es ist wie in jenem Dokumentarfilm über Verbrechen, den ich mir kürzlich im Fernsehen angeschaut habe. Es hat mich überrascht, wie sehr die Verbrecher mit voller Überzeugung nach der Devise ›Besser, du bringst sie um, bevor sie dich umbringen‹ handelten. Bei Menschen, die übermäßig aggressiv oder feindselig handeln, kann man sich nur schwer vorstellen, wie bedrückt und erniedrigt sie sich dann fühlen, wenn sie zu Opfern geworden sind. Tiere gehen oftmals zum Angriff über, wenn man sie aufscheucht. Und genau das tun auch die Menschen. Wenn ihnen nicht wohl in ihrer Haut ist, so überkompensieren sie diese ›Nicht-OK-Gefühle‹, indem sie aus der Gesellschaft ausbrechen und versuchen, alles und jeden unter Kontrolle zu bringen.«

»Ich habe den Eindruck, daß sich die Art unserer Erziehung ganz wesentlich auf unser Selbstwertgefühl auswirkt«, ergänzte ich.

»Unbedingt«, erwiderte mein Berater. »Wer in einer Umgebung aufwächst, in der Lob, Ermutigung und Fürsorge an der Tagesordnung sind, lernt mit größter Wahrscheinlichkeit viel eher, andere zu schätzen und zu achten und Selbstvertrauen zu gewinnen. Und dieses Selbstvertrauen gibt einem Menschen die Kraft, trotz allem Druck, anders zu handeln, richtige ethische Entscheidungen zu treffen.«

»Das trifft sowohl auf berufliche Aktivitäten als auch auf das Privatleben zu«, sagte ich. »Jetzt ist mir klar, daß Selbstachtung und Stolz *erlernte* Haltungen sind.«

»Richtig«, meinte mein Berater, »und es ist ebenso wichtig zu wissen, daß Minderwertigkeitsgefühle und Selbstzweifel unter Umständen *nicht erlernt* sind.«

»Und was soll ich jetzt tun?«

»Verschiedenes. Beginnen Sie zunächst damit, sich selbst zu bejahen. Hören Sie auf, sich geringzuschätzen. Wenn Sie nicht zu sich selbst stehen – wer soll es dann tun?«

»Das heißt, daß ich selbst mein bester Freund sein soll?«

»Aber klar«, erwiderte mein Berater. »Zweitens: Suchen und gewinnen Sie Menschen, die Sie unterstützen und ermutigen. Gehen Sie Leuten, die negativ denken oder Sie dauernd mißachten, aus dem Weg. Solche Menschen sind Parasiten, die an Ihrer inneren Kraft zehren. Und lassen Sie sich von anderen Menschen nicht einschüchtern, lassen Sie auch nicht das Gefühl aufkommen, Sie müßten gegen sie ankämpfen. Denken Sie stets daran, daß nur Sie Sie selbst sein können, versuchen Sie aber, aus sich das Beste zu machen.«

»Weitere Ratschläge?« fragte ich lächelnd.

»Nun, da Sie fragen«, schmunzelte mein Ratgeber, »so mag das Folgende einfach klingen, obschon es nicht immer einfach ist: *Entschließen Sie sich, mit sich selbst im reinen zu sein.* Oft sind sich die Menschen gar nicht bewußt, daß dieser Entschluß in ihren Händen liegt. Ich bin von der Redewendung, wonach *Gott kein Pfuschwerk vollbracht hat,* fest überzeugt. Der Allmächtige hat den Menschen Wahlfreiheit gegeben, doch leider treffen manche Menschen die Wahl, ihr Leben zu verpfuschen. Wir müssen für die Umstände, in denen wir leben, die Verantwortung übernehmen und aufhören, uns wie passive Opfer zu benehmen. Vielleicht konnten Sie bislang Ihre gegenwärtige Situation nicht wesentlich beeinflussen, aber Sie haben die Fähigkeit, sie zu ändern und dadurch

Ihre Zukunft zu gestalten. Sobald Ihnen das klar ist, sind Sie eine Menge Ärger und Enttäuschung los.«

Ich stimmte zu.

»Jeden Tag können Sie zwischen zwei Dingen wählen«, fuhr er fort, »entweder bejahen Sie sich, oder Sie verneinen sich. Warum aber sollten sie die letztere Wahl treffen? Einer meiner liebsten Merksprüche wird Eleanor Roosevelt zugeschrieben:

Ohne Deine
Bereitschaft
kann niemand
bewirken,
daß Du Dich
minderwertig fühlst.

Platz für eigene Notizen

In meinem Fall bedeutet das:

»Der Sinn ist also der, daß man Selbstachtung und Stolz aufbaut«, sagte ich, »ohne sich von seiner eigenen Bedeutung hinreißen zu lassen.«

»Genau das ist es«, sagte mein Berater lächelnd. »Was wir alle brauchen, ist der Sinn für *Ausgewogenheit*. Wenn wir diesen haben, verfügen wir über genügend Selbstvertrauen, um bei heiklen ethischen Situationen knallhart zu sein.«

»Jetzt habe ich bestens verstanden, was die Kraft der wahren Selbstachtung ausmacht«, sagte ich. »Doch welches ist der dritte Schritt zur ethischen Kraft?«

Geduld – der dritte Schritt

»*Geduld*«, antwortete mein Ratgeber. »Wenn wir einmal unseren Daseinszweck klar vor uns sehen und uns selbst in der Hand haben, kommt der dritte Schritt, der für ein gesundes ethisches Verhalten ausschlaggebend ist: die Geduld. Eine Ursache, weshalb Menschen manchmal von ihrem Weg abweichen, liegt in ihrem Mangel an Zuversicht; wem es an Zuversicht mangelt, der wird ungeduldig.«

»Meinen Sie die seelisch-geistige Zuversicht?«

»Ja, sie ist ein *Teil* davon«, hob mein Gesprächspartner hervor, »ich meine aber auch Zuversicht in einem allgemeineren Sinn. Das positive Denken gehört ebensosehr zur Zuversicht. Es ist der anspornende Glaube, daß, was immer auf uns zukommt, alles gutgehen wird, weil wir die Dinge jederzeit im Griff haben. Diese Zuversicht hat nichts mit Resignation zu tun und auch nichts mit dem kritiklosen Akzeptieren einer Sache – so wie wenn wir sagen: ›In Ordnung, ich kaufe es. In Ordnung, ich glaube es.‹ Zuversicht haben wir, wenn wir an etwas glauben und unser Handeln, ja sogar unser ganzes Leben darauf abstützen. Ist unsere Zuversicht dagegen zu gering, laufen wir Gefahr, unsere Kraft auf Nebensächlichkeiten zu verschwenden. Und damit verbarrikadieren wir uns die Zukunft.«

»Was meinen Sie mit ›die Zukunft verbarrikadieren‹?«

»Eine Geschichte aus meiner Kindheit mag dies erläutern«, antwortete er. »Als ich etwa fünf Jahre alt war, sah ich den Film ›Jack und die Bohnenstange‹ und beschloß darauf, an unserem Wohnort selbst Stangenbohnen zu pflanzen. Am nächsten Morgen holte ich aus der Vorratskammer meiner Mutter eine frische Welsche Bohne und setzte sie in unserem Hintergarten ein. Ich begoß sie sorgfältig und harrte der Dinge, die da kommen sollten. Nach zwei Tagen drängte es mich derart danach, ein Ergebnis zu sehen, daß ich die Bohne ausgrub, um zu sehen, was sie machte. Unnötig zu sagen, daß sie nicht sehr viel machte. Ich setzte sie wieder ein und grub sie eine Woche lang tagtäglich wieder aus. Schließlich war ich über den ausbleibenden Fortschritt derart enttäuscht, daß ich die Bohne endgültig ausgrub und *zertrat!*

Das machen die Menschen oft, wenn sie eine ethische Entscheidung treffen wollen«, sagte mein Berater. »Sie vertrauen nicht auf den Fortschritt und die Entwicklung. Sie fällen eine aus ihrer Sicht vernünftige Entscheidung und wollen dann aber sogleich die Sicherheit, das Richtige getan zu haben. Sie werden ungeduldig. Da sie ihrem eigenen Urteil nicht trauen, machen sie das, was langfristig der beste Entscheid gewesen wäre, zunichte.«

»Es ist natürlich schwer, in unserer heutigen Welt, wo der Erfolg derart unsicher ist, Geduld zu haben«, entgegnete ich. »Ihren Worten nach müßte ich meine Entscheidung, den Kundenberater unserer Konkurrenz nicht anzustellen, gutheißen. Andrerseits überlege ich mir die Sache unter Umständen zweimal und treffe dann womöglich die falsche Entscheidung.«

»Wenn Sie sagen, daß es heute besonders schwierig ist, Geduld zu haben, so gebe ich Ihnen völlig recht«, entgegnete mein Berater. »Und genau der Schnellebigkeit unserer Welt ist es zuzuschreiben, daß wir die Bedeutung der Zuversicht und des Glaubens derart verzweifelt wiederzuentdecken suchen und herausfinden wollen, wie sich unsere Handlungen langfristig auswirken.«

»Das klingt«, sagte ich, »als wollten Sie sagen, daß wir ein großes Vorbild benötigen. Können Sie mir auch hier weiterhelfen?«

Er lächelte, wohl wissend, was er sagte: »Zunächst müssen Sie sich der weltumfassenden Zeitläufe bewußt werden, die Ihrem Zeitbegriff vielleicht entsprechen – vielleicht aber auch nicht.«

»Das erinnert mich an den Film ›O Gott‹, in dem John Denver George Burns fragte: ›Hast du die Welt wirklich in sechs Tagen geschaffen und den Rest am siebten?‹ George Burns, der die Rolle Gottes gespielt hatte, sagte darauf: ›Ja, das tat ich. Vergiß aber nicht, daß meine Tage etwas länger sind als deine. Als ich heute morgen aufstand, war Freud in der medizinischen Fakultät.‹«

»Das spricht genau für weltübergreifende Zeitläufe«, stimmte mir mein Berater zu. »Es spricht für den Glauben, daß es etwas über uns gibt. Ich nenne es Gott, während andere es als Geist oder höhere Kraft bezeichnen.«

»Einer meiner Freunde, ein erfolgreicher Geschäftsmann, hat mir das einst sehr gut dargelegt«, fuhr er fort. »Sobald er einmal gelernt habe, geduldig zu sein und auf den Zeitlauf einer höheren Macht zu vertrauen, habe er festgestellt, daß sich die Dinge zu seinem Vorteil wendeten. Wenn er ein Problem bis, sagen wir, neun Uhr, Donnerstag morgen, gelöst haben mußte, fiel ihm die Lösung weder am Montag noch am Dienstag, noch am Mittwoch ein. Wenn er sie aber unfehlbar bis Donnerstag morgen um neun Uhr haben mußte, erhielt er sie auch. Wenn nicht, so wurde ihm klar, daß es sich nicht um eine Sache von Bedeutung handelte. Mit anderen Worten: Wenn er die Lösung brauchte, bekam er sie auch. Die Dinge wandten sich immer zu seinem Vorteil.«

»Wer Geduld hat, so scheint mir, steht auch auf einer höheren Warte und sieht die Dinge in einem anderen Licht. Man muß nicht immer alles sofort haben wollen.«

»Da haben Sie recht«, pflichtete mein Berater mir lächelnd bei. »Die negative Nebenwirkung der Ungeduld – nämlich alles sofort haben zu wollen – besteht in einer falschen Entscheidung. Wenn Sie Geduld haben, so wird Ihnen bewußt, daß sich Ihr richtiges Handeln langfristig bezahlt macht – auch wenn es Sie kurzfristig etwas kostete. Denken Sie an den folgenden Merkspruch:

Freundliche Menschen
scheinen immer
zuletzt anzukommen,
doch sie nehmen
üblicherweise
an einem
anderen Rennen teil.

Platz für eigene Notizen

In meinem Fall bedeutet das:

»Das, was Sie sagen«, fügte ich hinzu, »erinnert mich an einen meiner Freunde, der bei einer Zeitschrift für die Gestaltung zuständig war; er ist das Paradebeispiel eines ›freundlichen Menschen‹, der letztlich gewonnen hat. Er wurde entlassen, weil er sich geweigert hatte, etwas zu machen, was er für falsch hielt. Sein Vorgesetzter wollte ihm die Leitung eines Projektes übertragen, das nach Meinung meines Freundes auch pornographisches Material enthielt. Nachdem er lange Zeit mit sich gerungen hatte, wies er den Auftrag zurück und wurde in der Folge entlassen. In der kommenden Zeit hatte er es schwer, eine neue Stelle zu finden. Sogar seine Kinder mußten nach der Schule arbeiten gehen, damit die Familie über die Runden kam. Fast ein Jahr später bot man ihm eine großartige Stelle an, die noch besser war als seine frühere. Die Ironie des Schicksals besteht darin, daß er diese Stelle auf Grund der Empfehlung seines früheren Vorgesetzten erhielt!«

»Obschon sein früherer Chef ihn entlassen hatte, konnte Ihr Freund seine Achtung gewinnen?«

»Ja. Somit hat sich seine Geduld bezahlt gemacht«, sagte ich.

»Jetzt kann ich nur hoffen, daß das auch bei mir zutrifft. Welches ist aber nun der vierte Schritt zur ethischen Kraft?«

Beharrlichkeit – der vierte Schritt

»Beharrlichkeit!« rief mein Berater mit großer Gebärde aus, darum geht es. Ohne Geduld geht es nicht, doch wenn es an Beharrlichkeit fehlt, reicht sie nicht aus, um einen bei der Stange zu halten. Nie werde ich die Geschichte von Winston Churchills Rede vergessen, die er hochbetagt an jener Vorschule hielt, die er als kleiner Junge einst besucht hatte. Der Schulleiter sagte den Jungen: ›Das ist ein historischer Augenblick. Winston Churchill ist der größte Redner englischer Zunge. Schreibt euch alles , was er sagt, auf. Er wird eine unvergeßliche Rede halten!‹ Als Churchill nach vorne ging, um seine Rede zu halten, blickte er über seine Brille hinweg und sagte:

Nie,
nie, nie, nie
aufgeben!

Platz für eigene Notizen

In meinem Fall bedeutet das:

»Und damit setzte sich Churchill«, fuhr mein Berater fort. »Viele Schüler waren enttäuscht, doch der Schulleiter spürte nach einigem Überlegen, daß dies wohl eine der größten Reden Churchills gewesen war, weil sie das Nachdenken während eines ganzen Lebensalters wiedergab. Wenn eine Eigenschaft Winston Churchill ausgezeichnet hat, so ist es Beharrlichkeit. Er hat nie aufgegeben. Diese Einstellung hat England während des Zweiten Weltkrieges dazu bewogen, weiterzukämpfen, wogegen andere aufgegeben hätten. Auf das ethische Verhalten bezogen, bedeutet Beharrlichkeit seiner Sache treu bleiben, seine Verpflichtungen einhalten und – was noch wichtiger ist – dafür sorgen, daß die eigenen Handlungen mit dem persönlichen Leitbild übereinstimmen.«

»Wenn ich mich also als ethischen Menschen verstehe – d. h. als einen, der Recht und Unrecht unterscheiden kann –, so muß ich stets meiner inneren Vorstellung entsprechend handeln.«

»Das ist so«, meinte mein Berater. »Ein ethischer Mensch sein heißt *immer* – und nicht bloß, wenn es einem beliebt – ethisch handeln. Ethisch zu handeln ist dann besonders wichtig, wenn man in einer unbequemen Situation ist und sich unbeliebt macht – so, wie Sie es kürzlich erlebt haben. Wir müssen zwischen Verpflichtung und Interesse unterscheiden. Wenn Sie an etwas interessiert sind, so handeln Sie nur, wenn Ihnen die Sache zusagt. Mit der Folge, daß Sie immer eine Entschuldigung vorbringen können, weshalb Sie etwas anderes als vorgesehen oder versprochen machen. Wenn Sie dagegen eine Verpflichtung eingehen, verlieren Sie über Ihre Beweggründe keine Worte, Sie akzeptieren auch keine Entschuldigung – sondern allein Ergebnisse.«

»Betrachten wir mein Problem mit dem Kundenberater. Ich hätte mir ja sagen können: ›Das ist jetzt nicht der Moment, ethisch zu sein. Mit diesem Kerl tut sich etwas an unserer Verkaufsfront.‹ Ich hätte also nach Ihren Worten ein Interesse haben können, das Richtige zu tun, ohne innerlich eine Verpflichtung einzugehen.«

»Das ist richtig«, erwiderte mein Gesprächspartner, »wenn Sie sich zu etwas verpflichten, können Sie Ihre vernunftsmäßigen Erklärungen unterdrücken – selbst wenn es unbequem ist, sich an die moralische Verpflichtung zu halten. Beharrlichkeit im Leben zeichnet sich durch eben diese ethische Stärke aus.«

»Wenn Sie also von Beharrlichkeit sprechen, so meinen Sie nicht den *Versuch*, etwas zu erreichen, sondern das eigentliche *Handeln?*«

»Unbedingt«, erwiderte mein Berater. »Denken Sie an das, was im Film ›Das Imperium schlägt zurück‹ der weise, geheimnisumwobene Yoda zu Luke, dem jungen Krieger, sagte:

Versuch's nicht!
Tu's
Oder tu's nicht.
Es gibt kein
Versuchen.

Platz für eigene Notizen

In meinem Fall bedeutet das:

»Ray Kroc, der Gründer von McDonald's, hatte an der Wand seines Büros einen eingerahmten Merkspruch hängen, auf den er seine Besucher häufig hinwies«, erzählte mein Berater, indem er in die Pultschublade griff und eine Kopie jenes Spruches hervorholte.

Nichts kann
an die Stelle der
Beharrlichkeit treten.

Begabung nicht.
Nichts ist häufiger
als erfolglose Menschen
mit großer Begabung.

Genie nicht.
Das unbelohnte Genie
ist schon fast
zum Sprichwort geworden

Bildung nicht.
Die Welt ist voll
von gebildeten Nichtsnutzen.

Allein Beharrlichkeit
und Entschlossenheit
sind ausschlaggebend.

»Wenn mich mein Gedächtnis nicht täuscht«, schmunzelte mein Berater, »so ist das eine Anlehnung an ein Zitat, das ursprünglich Calvin Coolidge zugeschrieben wurde. Er vertrat stets die Ansicht, daß sich die meisten unserer großen Probleme von selbst erledigen würden, wenn sich alle Menschen um die paar wenigen, einfachen Dinge kümmerten, die ihnen bestimmt sind.«

»Entscheidend ist also«, ergänzte ich, »daß ich die Beharrlichkeit habe, um mein Ziel zu verfolgen und um das zu erreichen, was mir vorschwebt. Wenn man sich das, was einem vorschwebt, unmißverständlich und unablässig vor Augen hält, so wird es zur Wirklichkeit. Das ist mir jetzt deutlich geworden. Welches ist der fünfte Schritt zur ethischen Kraft?«

Besonnenheit – der fünfte Schritt

»Der fünfte Schritt heißt Besonnenheit«, erwiderte er. »Besonnenheit ist richtig, um in jeder Situation das *Wesentliche* erkennen zu können. Verdeutlichen möchte ich meine Theorie von den fünf Schritten, die ethische Kraft verleihen, durch ein Rad, in dessen Mitte sich die Besonnenheit findet, sozusagen als Dreh- und Angelpunkt.«

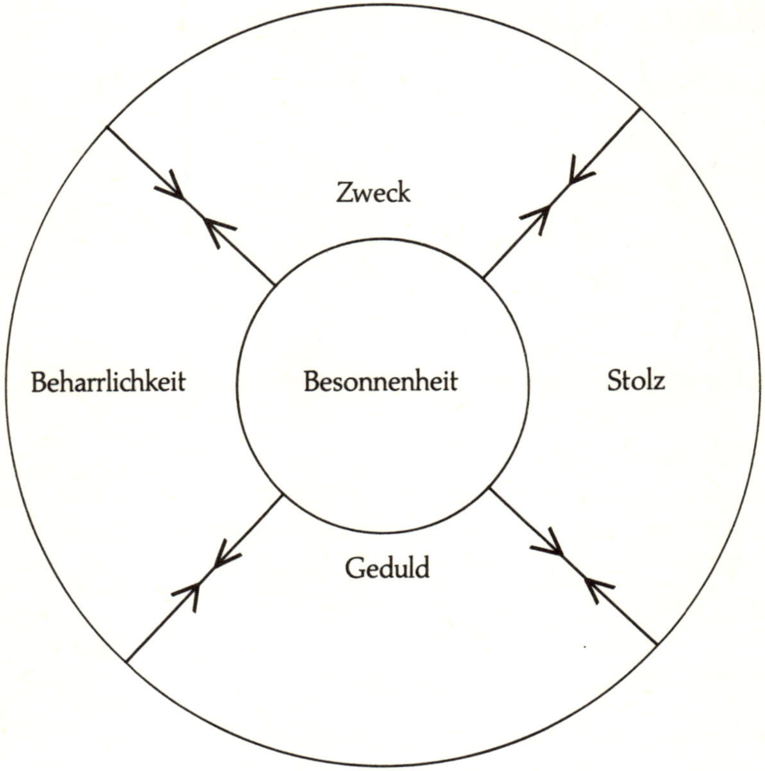

Die Beziehungen zwischen den fünf Schritten, die zur ethischen Kraft führen.

Platz für eigene Notizen

In meinem Fall bedeutet das:

»Mir scheint«, sagte ich, »daß die Besonnenheit der zentrale Punkt ist, wodurch die anderen vier Tugenden bedingt werden.«

»Das ist gut gesagt«, stimmte mir mein Berater zu. »Leider sind die meisten Menschen derart mit dem beschäftigt, was sie ›Leben‹ nennen, daß sie sich nicht die Zeit nehmen, einmal in aller Ruhe und mit Besonnenheit über ihren Standort nachzudenken, von dem aus sie ihr Leben überblicken könnten. Gerade deshalb ist es so unausgewogen und über all die Zeit hinweg unerfüllt.«

»Wie kommt man zu dieser Ausgewogenheit und zum Gefühl, ein erfülltes Leben zu führen?« fragte ich.

»Indem man Tag für Tag jeden Morgen sein inneres Ich wachruft.« Da ich etwas begriffsstutzig dreinschaute, fuhr mein Berater fort: »Zunächst müssen Sie sich bewußt sein, daß jeder Mensch zwei ›Ich‹ hat. Da ist zuerst unser äußeres Ich, das aufgabenorientiert ist. Es ist nach außen gerichtet und konzentriert sich auf die zu erledigenden Dinge. Daneben gibt es unser inneres Ich, das nach innen gerichtet ist, überlegt und nachdenkt. Es zielt auf Bedeutung, auf Wertvorstellung und auf den Sinn des Lebens ab. Dieses innere Ich braucht am Morgen länger, um zu erwachen, als das äußere Ich. Die Folge davon ist, daß die meisten Menschen von seiner Existenz gar nichts wissen. Sie springen aus dem Bett und sind in ihrem Fleiß sogleich mitten in ihrem aufgabenorientierten Ich; sie gehen der täglichen Routine nach, bevor ihr inneres Ich erwachen konnte.«

»Jetzt haben Sie mich erwischt«, sagte ich lachend. »Kaum bin ich am Morgen aufgestanden, geht's bei mir gleich los. Ich stelle das Radio oder den Fernseher an, putze mir die Zähne, schalte die Kaffeemaschine ein, hole mir frische Wäsche, dusche, lese die Zeitung... ich frage mich, ob mein inneres Ich überhaupt eine Chance hat, zu erwachen! Wenden Sie eine besondere Methode an, um Ihr inneres Ich zu wecken?«

»Es gibt Menschen, die beten«, antwortete er, »andere meditieren, schreiben in ihr Tagebuch, lesen in einem erbaulichen Buch oder denken nach; andere machen Yoga, hören Musik, gehen spazieren oder laufen, fahren Rad oder schwimmen. Wesentlich ist, daß Sie sich in einen Zustand der Besinnung versetzen.«

»Es gibt also kein Patentrezept, wie man den Tag beginnen soll?«

»Nein, aber wichtig ist, daß man die innere Ruhe findet. Und das erreicht man am besten in der Einsamkeit. In Zeitnot sind nur geschäftige, überlastete Menschen; das ist ihr Preis für den Erfolg. Vielleicht müßte man den Wecker etwas früher stellen. Meine Frau und ich verbringen jeden Morgen eine Zeit, die wir ›zusammen allein sein‹ nennen. Wir beten still, denken nach, lesen oder tauschen anregende Gedanken aus. Zudem gehe ich jeden Tag vier bis fünf Kilometer. Spazierengehen und Wandern sind am besten geeignet zum Nachdenken.«

»Sie tun also eine ganze Menge. Ich wäre froh, wenn ich nur etwas davon regelmäßig tun könnte; aber ich habe einfach keine Zeit dazu. Wenn ich Ihr Programm verwirklichen wollte, brauchte ich mehr Zeit.«

Ohne auch nur eine Sekunde zu verlieren, entgegnete er mir: »Sie haben alle Zeit, die es gibt.«

»Wie meinen Sie das?«

»Jeder Tag hat genau 24 Stunden. Mit dieser Zeitspanne müssen Sie auskommen. Darf ich einen Vergleich ziehen? Nehmen wir an, Sie spielen Schach, und Ihr Gegner sagt ›schachmatt‹ zu Ihnen. Er hat Sie in die Enge getrieben, und das Spiel ist aus. Dann können Sie nicht sagen: ›Ich will ein Schachbrett mit mehr Feldern!‹«

Ich mußte über seinen Vergleich lachen.

»Und doch verlangen Sie etwas Ähnliches, wenn Sie sagen, daß Sie mehr Zeit brauchen«, fuhr er fort. »Mit der Zeit umgehen ist nicht das Problem. Ihre Zeit ist gegeben. Sie müssen lernen, mit den Tätigkeiten und Arbeiten umzugehen, die Ihre Zeit verzehren.«

»Und wie stelle ich das an?«

»Indem Sie es nicht zulassen, daß Ihr Terminkalender *Sie* herumkommandiert«, erwiderte er. »Wenn Sie zum Beispiel jemand anruft und von Ihnen etwas verlangt, so greifen Sie nicht unwillkürlich zu Ihrem Terminkalender, um nachzusehen, ob Sie Zeit haben. Denken Sie vielmehr über Ihren Zweck und die damit verbundenen Teilziele nach, und fragen Sie sich, ob Sie jenem Menschen oder jener Tätigkeit tatsächlich Ihre Zeit opfern wollen. Wenn Sie das jeweils genau prüfen, fällt es Ihnen leichter, auf Ihrem Weg zu bleiben und Ihrem Zweck, Ihren Wertvorstellungen und Ihrer ethischen Überzeugung gemäß zu leben.«

»Das hört sich so an, als ob die Lösung darin bestünde, daß mein Zweck mein Verhalten steuert. Womöglich frage ich mich bald einmal: ›Wem gehört dieses Leben eigentlich?‹ Und dann kann ich offen sagen: ›MIR!‹« Ich mußte wiederum zustimmend lachen. »Mir ist nun klar, wie ich es anstellen muß, daß ich die Dinge in den Griff bekomme, statt auf den Druck von außen zu reagieren.«

»Genau«, sagte mein Berater, »und wenn Ihr Leben erfüllt sein soll, so müssen Sie sich Zeit nehmen, um Ihr Leben im Gleichgewicht zu halten – alles andere ist Selbstbetrug. Wenn dieses Gleichgewicht gegeben ist, können wir viel eher nach jenen ethischen Grundsätzen leben, die unserem Daseinszweck entsprechen. Wissen Sie, weshalb mich die meisten Menschen um Rat fragen? Weil sie vom routinemäßigen und mechanischen Ablauf Ihres Lebens sosehr in Anspruch genommen sind, daß sie ihren Lebenszweck und -sinn verlieren.«

»Das begreife ich«, fuhr ich fort. »Soviel Zeit und Ruhe, um über Dinge nachzudenken und sie vorausblickend zu ordnen, muß man sich jeden Tag, vorzugsweise morgens, nehmen. Kommt es manchmal vor, daß Sie über längere Zeitspannen hinweg nachdenken?« fragte ich.

»Mitunter schon«, war seine Antwort. »Red Scott – ein Vorstandsvorsitzender, den ich überaus schätze –, hat einmal folgendes erlebt:

Red pflegt die Geschichte zu erzählen, wie er in seiner Karriere erstmals seine Stelle gewechselt hat. Damals hatte er in Dallas eine sehr gute Anstellung. Dann erhielt er aber ein attraktives Angebot, nach New York zu ziehen und an der Wall Street zu arbeiten. Da er bislang seinen Fuß noch nie auf New Yorker Gebiet gesetzt hatte, war er unschlüssig.

Da erinnerte er sich an einen Mann, den er einmal kennengelernt hatte: Julian Bobo, der in Dallas im Wertpapiergeschäft großen Erfolg hatte und dort so etwas wie eine Legende war. Red rief Bobo an und erläuterte ihm die Situation.

Bobo sagte zu ihm: ›Red, ich würde Ihnen gerne raten, aber ich tue es nur unter der Bedingung, daß Sie genau das tun, was ich Ihnen sage. Das wollen Sie jetzt wahrscheinlich nicht; denken Sie also darüber nach, und rufen Sie mich wieder an.‹

Da Red niemand Besseren wußte, den er hätte um Rat fragen können, rief er zurück und erklärte sich einverstanden, Bobos Rat genau zu befolgen.

Bobo trug Red auf, nach New York zu gehen und mit den Leuten, die ihm die Stelle angeboten hatten, zu sprechen. Red müsse aber anders als gewohnt reisen. Er müsse den Zug nehmen, was von Dallas aus immerhin ein paar Tage Fahrt bedeutete, und nicht das Flugzeug. Er solle für sich allein ein Privatabteil buchen. Er dürfe auf die Reise nichts zum Lesen und nichts zum Schreiben mitnehmen. Er dürfe mit niemandem sprechen außer mit dem Gepäckträger und dem Ober im Speisewagen. Sobald er in New York angekommen sei, solle er sogleich Bobo anrufen; er sage ihm dann genau, was als nächstes zu tun sei.«

»Widerwillig, aber wortgetreu folgte Red Bobos Anweisungen. Während der ersten Stunden stierte er aus dem Zugfenster, die vorbeihuschende Landschaft an. Doch das wurde ihm bald zu dumm. Da er nichts zum Schreiben und nichts zum Lesen bei sich hatte, begann er nachzudenken. Er dachte über Menschen nach, die er kannte, und über Orte, an denen er gewesen war. Er überdachte Dinge, die er getan hatte und die er hatte tun wollen. Am zweiten Tag wurde ihm klar, daß er genau das tat, wozu Bobo ihn bringen wollte: nachdenken, überlegen. Einige Stunden, bevor der Zug in New York einfuhr, hielt sich Red mit einem Male nicht mehr an Bobos Vorschriften: Er bat den Schaffner um einen Bleistift und ein Blatt Papier.

Darauf schrieb er mit ausgewogenen Worten seinen wichtigsten Lebenszweck nieder und eine kurze Auflistung seiner Ziele. Sein Entschluß war klar.

Als er den Zug verließ, rief er – wie vereinbart – Bobo an und sagte zu ihm: ›Jetzt weiß ich, daß Sie wollten, daß ich mein Problem selbst in aller Ruhe durchdenke. Das habe ich getan und will Sie wissen lassen, daß ich mir über meinen Entschluß jetzt im klaren bin. Ich brauche keine weiteren Ratschläge, doch ich will Ihnen für das, was Sie für mich getan haben, herzlich danken.‹

Julian Bobo lachte und sagte: ›Ich hätte nicht gedacht, daß Sie mich nicht mehr brauchen.‹

Red nahm die Stelle in New York an; sie war der Auftakt einer überaus erfolgreichen Laufbahn. Seither nimmt er sich jedes Jahr ein paar Tage Zeit, um nachzudenken. Manchmal mietet er in den Bergen eine Hütte, wo es weder Telephon noch Fernsehgerät oder andere Ablenkungen gibt. Einmal fuhr er wieder mit der Eisenbahn, und letztes Jahr fuhr er ans Meer und machte lange Spaziergänge am Strand. Nach reiflichem Überlegen schreibt er sich jeweils die für ihn wichtigsten Dinge auf, dann seine persönlichen Ziele sowie die Zielsetzungen seines Unternehmens. Er schätzt diese Zeit, die allein dem Nachdenken gewidmet ist, über alle Maßen. ›Wenn man darüber nachdenkt‹, sagt Red jeweils, ›werden die Probleme wesentlich weniger schwierig.‹«

»Sich Zeit nehmen, um man selbst zu sein, und in aller Abgeschiedenheit nachdenken, das kann einem also tatsächlich helfen, mehr zu erreichen.«

»Da gibt es keinen Zweifel«, erwiderte mein Berater. »Ich wundere mich immer wieder, wie klar hinterher meine Gedanken sind, besonders dann, wenn mich ein großes Problem beschäftigt. Es ist, als existierte die gesuchte Antwort bereits irgendwo und wartete nur darauf, entdeckt zu werden. Alleinsein, Ruhe und Nachdenken bilden den Weg zur Klarheit.

Daher glaube ich in meinem Innersten an folgendes:

Jedes Problem
läßt sich lösen,
wenn man sich
in aller Ruhe
Zeit nimmt,
nachzudenken,
um Rat fragt
und die Dinge
mit Besonnenheit
angeht.

Platz für eigene Notizen

In meinem Fall bedeutet das:

»Nachdenken scheint dem Tagträumen zu ähneln, und doch bewährt es sich tatsächlich. Entscheidend ist, zur Gelassenheit zu kommen und auf die helfende innere Stimme zu hören. Das gibt mir die nötige Besonnenheit, und wenn ich die habe, wird mir mein Lebenszweck unendlich viel klarer.«

»Also finden wir mit Besonnenheit den klaren Weg zu unserem Lebenszweck«, fügte ich hinzu.

»Natürlich«, lächelte mein Berater. »Hier habe ich etwas, das Ihnen helfen soll, sich an die fünf Tugenden zur ethischen Kraft zu erinnern.« Er steckte mir eine kleine Karte zu.

»Ich empfehle Ihnen dringend, diese Karte stets zur Hand zu haben«, sagte mein Berater, als ich mich von ihm verabschiedete und ihm für seine wertvollen Ratschläge dankte.

Zusammenfassung: Die fünf Schritte, die zur ethischen Kraft führen

1. Schritt:

Zweck

Ich sehe mich als Menschen mit ethischen Zielen. Ich lasse mich von meinem Gewissen leiten. Was immer geschieht – ich kann in den Spiegel schauen, mir in die Augen sehen und mit mir im Einklang sein.

2. Schritt:

Stolz

Ich bin mit mir im reinen. Ich brauche nicht den Beifall anderer Menschen. Eine ausgewogene Selbstachtung verhindert, daß Selbstsucht und Eigennutz meine Entscheidungen beeinflussen.

3. Schritt:

Geduld

Ich glaube, daß sich die Dinge letztlich zum Guten wenden. Ich bin nicht auf unmittelbaren Erfolg angewiesen. Ich sehe allem, was auf mich zukommt, gelassen entgegen.

4. Schritt:

Beharrlichkeit

Ich halte mich an meine Vorsätze, vor allem dann, wenn es unbequem ist, sie zu befolgen. Mein Verhalten stimmt mit meinen Absichten überein. So wie Churchill sagte: »Nie, nie, nie, nie aufgeben!«

5. Schritt:

Besonnenheit

Ich nehme mir die Zeit, um jeden Tag ruhig und überlegt zu beginnen. Damit besinne ich mich auf mich selbst, höre auf mein inneres Ich und sehe die Dinge in klarerem Licht.

Umsetzung der fünf Schritte

Während der folgenden Monate begann ich, das Gelernte in die Tat umzusetzen. Schließlich gelang es mir, einen anderen hochqualifizierten Kundenberater zu verpflichten, der nach ethischen Grundsätzen zu handeln und für die Übernahme der offenen Stelle geeignet zu sein schien. Die ethische Kontrolle auszuüben wurde in meiner Abteilung zur allgemeinen Gewohnheit. Jeder meiner Mitarbeiter wußte um die fünf Schritte, die zur ethischen Kraft führten.

Ich änderte auch meinen Tagesablauf. So nahm ich mir beispielsweise mehr Zeit, um den Tag ruhiger zu beginnen. Der morgendliche Spaziergang wurde zur feierlichen Gewohnheit und mit ihm die Zeit, still nachzudenken. Ich begann ein Tagebuch zu führen, um meine Gedanken festzuhalten. Die Folge dieser Veränderungen war, daß ich – wann immer im Verlauf des Tages eine heikle Situation auf mich zukam – wesentlich besser in der Lage war, die wirklich entscheidenden Punkte zu gewichten. Da ich mir die Zeit zum Nachdenken genommen hatte, rückte mein eigentlicher Zweck in den Mittelpunkt. Wenn ich mich im Spiegel anschaute, konnte ich mir in die Augen sehen.

Was mir aber tatsächlich die Augen öffnete, war die Tatsache, daß ich mir selbst vielfach in die Quere kam. Mein falscher Stolz war größer, als ich geglaubt hatte. Zugegeben, Wunder habe ich keine vollbracht, aber die genannten fünf Schritte gaben mir die ethische Kraft, besser und schneller zu entscheiden.

Ich wurde auch geduldiger. »Alles wird sich zum Guten wenden«, sagte ich mir immer wieder.

Eine kleine organisatorische Hilfe

»Beharrlichkeit« wurde zu einem meiner Lieblingsworte. Wenn ich jeweils sagte, ich hätte das und das zu tun, so tat ich es auch. Selbst meine Frau und meine Kinder nannten mich mit der Zeit den »Zuverlässigen«.

Zwar fühlte ich, wie ich allmählich ins Lot kam; dennoch beschäftigte mich nach wie vor ein Problem: die offensichtlich fehlende Unterstützung in meiner Firma, was das Entscheiden nach ethischen Grundsätzen betraf.

Was offen zutage trat, war die häufige Widersprüchlichkeit der bei uns eintreffenden Mitteilungen. Während der Aufsichtsratsvorsitzende in aller Öffentlichkeit für Ethik und Moral eintrat, überwogen zweifelhafte Machenschaften vieler Mitarbeiter unseres Unternehmens. Der Weg von der Chefetage bis zur Verkaufsfront schien weit zu sein.

Als Vorgesetzter der mittleren Führungsebene fühlte ich mich besonders betroffen. Zwischen diesen beiden Wertmaßstäben saß ich unsicher wie zwischen zwei Stühlen. Ich wußte, daß es zahlreichen Managern auf meiner Stufe ebenso erging. Alle, mit denen ich sprach, beteuerten zwar, Fairplay und gesunde Ethik hochzuhalten, ihre guten Absichten wurden aber durch den Erfolgsdruck zunichte gemacht. Das Ziel erreichen wurde von allen als das Allerwichtigste erachtet – wobei der Zweck die Mittel zu heiligen hatte, ob sie nun ethisch waren oder nicht. Mitarbeiter wie ich, die ethisch zu handeln versuchten, wurden vielfach eher als Problemverursacher denn als Problemlöser angesehen. Wir wurden dann auch entsprechend behandelt.

Die Notwendigkeit einer ethischen Organisationsstrategie

Vor wenigen Jahren sah sich unser Unternehmen einer härteren Auslandskonkurrenz gegenüber. Zudem waren wir in einige umkämpfte Märkte mit unklaren Wettbewerbsbedingungen eingedrungen. Die Antwort auf diesen Konkurrenzdruck hieß: Hochgesteckte Ziele haben Vorrang. Doch bis diese Zielsetzungen auf meiner Führungsebene angelangt waren, hatten sie die Form von Drohungen angenommen. So war denn kürzlich ein Manager der mittleren Führungsebene entlassen und mehrere der ihm unterstellten Nachwuchskräfte waren nach vielen Jahren erfolgreicher und loyaler Tätigkeit zurückversetzt worden, nur weil ein einziger Auftrag ihrer Abteilung Verlust gebracht hatte. In der Folgezeit stieß ich auf mehrere Fälle, wo im Grunde genommen ehrliche Manager sich zu unethischen Handlungen genötigt fühlten, um sich vor derart harter Behandlung abzuschirmen. Dies spielte vor allem, als sie gezwungen wurden, Mindestverkaufsziele zu setzen, die unrealistisch waren. Die Wahl war eindeutig: entweder unlautere Geschäfte machen, um zusätzlichen Gewinn zu erzielen, oder dem

Vorgesetzten mitteilen, daß die Ziele nicht erreicht werden könnten, und sich damit als unfähig oder unkooperativ hinstellen.

»Wenn Sie bedenken, daß Ihr Chef Mißerfolg nicht akzeptiert, so haben Sie keine Wahl«, sagte mir einer meiner Kollegen.

Das warf für mich erneut die alles entscheidende Frage auf: *Ist es heutzutage möglich, im Geschäftsleben konkurrenzfähig zu sein und gleichzeitig ehrlich und nach ethischen Grundsätzen zu handeln?*

Auf diese Frage wußte ich zwar keine klare Antwort – es war mir aber deutlich, daß sie sehr wichtig war, denn sie hatte auf die Behandlung und die Arbeitseinstellung der Mitarbeiter gewaltige Auswirkungen. Wenn Mitarbeiter dem Unternehmen gegenüber eine schlechte Einstellung haben, so suchen sie oft Möglichkeiten, um mit ihm abzurechnen, indem sie sich zum Beispiel krank melden, auch wenn sie überhaupt nicht krank sind, indem sie private Ferngespräche führen, ihre Spesenabrechnung aufbauschen, Büromaterial nach Hause nehmen, Warenmuster stibitzen und noch viele andere fragwürdige Dinge tun, die zwar wohl kaum ernsthafte Vergehen sind, die aber – wenn sie sich häufen – zu einem großen Problem werden.

Kürzlich las ich, daß der Direktor einer größeren Supermarktkette sagte, er könnte die Verkaufspreise um 20 % senken, wenn es ihm gelänge, den Diebstählen durch die Angestellten Einhalt zu gebieten. Ich wurde mir bewußt, daß Unternehmen gesundes ethisches Entscheiden entweder fördern oder behindern können.

Was ich gelernt hatte, half mir zu entscheiden, wie ich persönlich zu handeln hatte; unklar war mir aber, welches Vorgehen Unternehmen und Manager wählen sollten. Deshalb rief ich erneut meinen Berater an.

»Sie haben recht«, antwortete er. »Unternehmen haben Möglichkeiten, Management-Entscheidungen zu fördern und voranzutreiben, die auf ethischen Grundsätzen beruhen. Menschen bei ihrer Arbeit zu beraten ist jedoch nicht mein Gebiet. Ich habe aber einen Freund, der Unternehmensberater ist und für Unternehmen in der ganzen Welt tätig war. Ich kann mir vorstellen, daß ein Gespräch mit ihm Ihnen weiterhelfen kann.«

Die Zusammenkunft mit dem Unternehmensberater

Als ich am nächsten Nachmittag im Büro des Unternehmensberaters eintraf, empfing mich ein freundlicher, tadellos gekleideter Herr, der in den Vierzigern sein mochte. Er strahlte Herzlichkeit und Selbstsicherheit aus.

Nachdem wir uns gesetzt hatten, fragte er mich: »Soviel ich weiß, interessieren Sie sich für Ethik im Geschäftsleben?«

»Das ist richtig«, erwiderte ich. »Ihr Freund – er hat mich bisher beraten – stimmt mit mir überein, daß Unternehmen tatsächlich eine Atmosphäre schaffen können, die zu ethischem Verhalten führt. In meiner Firma habe ich Mitarbeiter beim Stehlen, Lügen, Betrügen und Hehlen ertappt – alles Dinge, die sie meiner Meinung nach außerhalb des Unternehmens wohl nicht tun. Sobald sie am Arbeitsplatz sind, scheinen sie sich vielfach zu einem anderen Verhalten berechtigt zu fühlen. Was ich wissen möchte, ist folgendes: Wie kann ich versuchen, der Firma zu helfen, diese Situation zu ändern?«

»Jeder Manager kann seiner Firma entscheidend dabei helfen, jene positive und produktive Atmosphäre zu schaffen, die eine ethische Entscheidungsfindung und ein ethisches Verhalten der Mitarbeiter fördert. Mit zunehmender Firmenberatungstätigkeit komme ich immer mehr zu der Überzeugung, daß alles davon abhängt, in welchem Maße sich die Menschen – Mitarbeiter wie auch Kunden – des Umgangs bewußt sind, den das Unternehmen mit ihnen pflegt.«

Der Zweck des Unternehmens

»Ich träume davon, daß eines Tages eine Liste von ›glücklichen 500‹ Unternehmen veröffentlicht wird«, fuhr der Unternehmensberater fort.

»Glückliche 500?«

»Ja«, sagte er. »Dies wären dann jene Unternehmen, die mit dem Menschen richtig umgehen. Es wären auch ertragsstarke Firmen, wobei ihre Unternehmensleitungen nicht allein vom Streben nach Höchstgewinn besessen wären. Sie würden beispielsweise auch auf die Lebensqualität ihrer Angestellten und auf die Qualität ihres Kundendienstes großen Wert legen. Solche Unternehmen würden, was die Organisation und den einzelnen Menschen angeht, gemäß den fünf Schritten, die zur ethischen Kraft führen, handeln.«

»›Glückliche 500‹ Unternehmen. Diese Bezeichnung gefällt mir. Und diese Unternehmen würden nach den fünf Schritten handeln. Sie meinen also, daß das, was ich über Zweck, Stolz, Geduld, Beharrlichkeit und Besonnenheit gelernt habe, auch für Unternehmen gilt.«

»Unbedingt«, sagte der Unternehmensberater. »Der

Zweck eines Unternehmens ist das Firmenleitbild, das die oberste Leitung bekanntgibt. Die heutigen Geschäftsbedingungen erfordern eine neue Führungsart mit hohen ethischen Prinzipien. Das Geschäftsleben sollte wegkommen von seinem Kuhhandel-Image, wonach für den Erfolg das Übertrumpfen der Konkurrenz an der Tagesordnung ist. Die neue Art der Führung müßte eine positive, produktive und ethisch fundierte Atmosphäre schaffen.«

»Ein neuer Führungsstil an der Unternehmensspitze. Das leuchtet mir ein«, sagte ich nachdenklich.

»Als ich vor einigen Jahren in Japan war, hörte ich mir die Rede des 88jährigen Aufsichtsratsvorsitzenden der Matsushita Electric an.«

»Also noch ein Grünschnabel«, meinte ich spaßeshalber.

»Genau«, sagte der Unternehmensberater. »Einer der Manager, mit dem ich zusammen war, fragte ihn: ›Welches ist Ihre Hauptaufgabe als Vorsitzender dieses großen internationalen Unternehmens?‹

Er zögerte keinen Augenblick und erwiderte: ›Für Liebe sorgen. Ich bin die *Seele* dieses Unternehmens. Durch mich hindurch gehen die Werte unseres Unternehmens.‹«

»Die Seele des Unternehmens«, überlegte ich laut. Es war ein erstaunlicher Gedanke für mich.

»Die Antwort gefiel mir«, sagte der Unternehmensberater. »Sie erinnerte mich an das Gleichnis ›Die verlorene Seele‹ von Janet Ross Abbot. Es geht dabei um die Geschichte eines Vizepräsidenten, der seine verlorene Seele sucht. Eines Tages entließ er einen Angestellten.

Dieser sagte zu ihm: ›Ich hoffe, daß Sie dereinst Ihre verlorene Seele wiederfinden.‹ Darauf stand der Angestellte auf und verließ die Firma.

Der Vizepräsident dachte: ›Seltsam, daß jemand so etwas sagt. Wenn ich mir's aber recht überlege, so habe ich meine Seele seit langem nicht mehr gesehen.‹

Wenn immer etwas verlorenging, meldete es der Vizepräsident dem Fundbüro. Er rief dort jeweils an und fragte: ›Haben Sie meine Seele gesehen?‹ Der Beamte sagte daraufhin: ›Wir führen keine verlorenen Seelen. Wenden Sie sich doch an den Sicherheitsbeauftragten. Er ist Fachmann für verlorene Seelen.‹

Als der Vizepräsident mit dem Sicherheitsbeauftragten Kontakt aufnahm, sagte ihm dieser: ›Hier handelt es sich um ein ernsthaftes Problem. Kommen Sie doch mal vorbei, damit wir darüber sprechen können.‹

Als der Vizepräsident zum Sicherheitsbeauftragten ging, war dessen erste Frage: ›Können Sie sich erinnern, wann Sie Ihre Seele zum letzten Mal gebraucht haben?‹ Der Vizepräsident: ›Nein. Genau das ist mein Problem.‹

Nachdem sie eine Weile miteinander gesprochen hatten, fuhr der Vizepräsident plötzlich auf und sagte: ›Vielleicht habe ich sie im Büro des Vorsitzenden gelassen.‹

›Aha!‹ meinte darauf der Sicherheitsbeauftragte. ›Das hab' ich mir gedacht. Wenn Sie wüßten, wie oft das geschieht. Ich bin Fachmann im Seelenauffinden, und ich muß schon sagen, daß dies einer der häufigsten Fälle ist, die sich mit Seelen ereignen. Weshalb gehen wir denn jetzt nicht ins Büro Ihres Vorgesetzten, um ihn zu fragen, ob er Ihre Seele gesehen hat?‹

Als sie im Büro des Vorsitzenden waren, sagte der Sicherheitsbeauftragte zu ihm: ›Wir haben ein ernsthaftes Problem. Der Vizepräsident hat seine Seele verloren. Haben Sie sie gesehen?‹

Der Präsident platzte heraus: ›Was in aller Welt soll ich mit einer Seele? So was ist im Geschäft sehr unerwünscht. Seelen kommen dem klaren Denken in die Quere. Sie verweichlichen die Menschen. Wir brauchen hier hartgesottene Manager. Der Konkurrenzkampf ist für Seelen zu hart. Ich hab' lange gebraucht, um meine loszuwerden. Offen gestanden‹, sagte er zum Vizepräsidenten, ›ich wußte nicht, daß Sie eine haben. An Ihrer Stelle würde ich mir über ihren Verlust keine Sorgen machen. Sie machen es bestens ohne Seele; Sie sind genau die Art Manager, die ich mag. Übrigens, wie steht es mit der Präsentation für die Firmenangehörigen, die demnächst bei uns vorbeikommen? Sie sorgen doch dafür, daß die Verkaufszahlen ins rechte Licht gerückt werden, oder? Wir wollen diese Leute ja nicht beunruhigen.‹

Als sie das Büro verließen, wandte sich der Sicherheitsbeauftragte zum Vizepräsidenten und sagte zu ihm: ›Wollen Sie nun immer noch ihre Seele finden? Ich hatte vorhin überhaupt nicht den Eindruck, daß Seelen hier sehr gefragt sind.‹

›Ja, jetzt noch mehr als zuvor‹, erwiderte der Vizepräsident. ›Was schlagen Sie mir vor?‹

›Wenn wir Ihre Seele finden wollen‹, antwortete der Sicherheitsbeauftragte, ›müssen wir herausfinden, wann Sie sie zum letzten Mal gebraucht haben. Sie könnten doch intern eine Aktennotiz zirkulieren lassen, um zu fragen, ob sich jemand erinnert, Ihre Seele kürzlich in Aktion gesehen zu haben.‹

›Moment mal, es fällt mir gar nicht ein, jeden wissen zu lassen, daß ich keine Seele mehr habe‹, entgegnete der Vizepräsident.

›Wieso nicht?‹ erwiderte der Sicherheitsbeauftragte, ›selbst der Präsident wußte ja nicht, daß Sie je eine hatten.‹

Der Vizepräsident ließ die Aktennotiz zirkulieren. Am Ende des ersten Tages meldete sich niemand. Der Vizepräsident war enttäuscht. Am nächsten Tag kam jedoch ein Mitarbeiter zu ihm und sagte, er habe die Seele des Vizepräsidenten gespürt. ›Im letzten Jahr haben Sie meinen Wagen in der Parkgarage angefahren und haben sich alle Mühe gegeben, mich ausfindig zu machen. Wenn Sie das nicht getan hätten, wäre meine Chance herauszufinden, wer meinen Wagen beschädigt hat, gleich Null gewesen.‹

Nachdem der Angestellte weggegangen war, sagte der Sicherheitsbeauftragte: ›Großartig! Ehrlichkeit ist ein guter Ausgangspunkt, um die Seele wiederzufinden.‹

Indem er also Ehrlichkeit an den Anfang setzte«, sagte der Unternehmensberater, »erhielt der Vizepräsident seine Seele zurück. Als er dem Sicherheitsbeauftragten dankte, sagte er zu ihm: ›Der Präsident wird an meiner Präsentation wohl keine Freude haben. Nachdem ich jetzt meine Seele zurückgewonnen habe, werde ich an den Verkaufszahlen nicht herumfummeln. Im letzten Quartal waren sie nicht gut. Die Firmenangehörigen werden nicht beglückt sein.«

»Das ist eine Geschichte, die zum Nachdenken anregt«, sagte ich.

»Ich mag sie«, fügte der Unternehmensberater hinzu, »weil sie auf eine einfache Art sehr viel aussagt. Bei gutem ethischem Verhalten geht es letztlich um die *Seele*, die Ihre Wertvorstellungen, Ihren Lebenszweck und das von Ihnen gewünschte Eigenbild enthält. Ohne Ihre Seele haben Sie nichts, was Ihnen den Weg weist. In einem Unternehmen sollte das Top-Management die Seele sein und die Erwartungen, Aussichten und Ziele der Firma verkörpern.«

»Könnte man das mit Ihrer Aussage zum unternehmerischen Verhalten und unter Umständen auch mit einem Ethikkodex und einer Verhaltenspolitik zum Ausdruck bringen?«

»Ja, das sind hervorragende Möglichkeiten, den Unternehmenszweck bekanntzugeben und die Wertvorstellungen und Überzeugungen der Unternehmensleitung festzulegen.«

»Sind Ihnen irgendwelche guten Beispiele von Top-Managern, die nach ethischen Grundsätzen führen, bekannt?«

»Ja«, antwortete mir der Unternehmensberater. »Jeden Tag treffe ich solche guten Beispiele an. Ich weiß, daß es wesentlich mehr Manager mit einem gesunden ethischen Führungsstil gibt als Schurken und Betrüger. Da man sie nicht als Helden feiert, hört man wenig von ihnen. Ehrliche und anständige Menschen, die um die Kraft des ethischen Managements wissen, müssen aus ihrem Versteck herauskommen.«

»Vor kurzem habe ich erfahren, welch großartiges ethisches Führungsverhalten eine Spitzenführungskraft im Hotelgewerbe bewies«, fuhr der Unternehmensberater fort. »Diese Frau erzählte mir, wie es war, als sie nach dem Tod ihres Mannes die Führung des Hotels zu übernehmen hatte. Mit der Organisation stand es nicht zum besten. Der Hauptgrund lag in der mangelnden Ethik und der fehlenden Moral. Betrügen, Lügen und Stehlen waren an der Tagesordnung. Da ihr Mann während langer Zeit krank gewesen war, mangelte es an einer klaren Führung an der Spitze. Deshalb begannen sie und ihr Sohn, den sie zum leitenden Manager ernannt hatte, das Steuer herumzuwerfen.

Sie machten nichts Außergewöhnliches. Sie gingen einfach Schritt für Schritt vor und folgten ihrer Intuition. Als Top-Manager des Hotels nahmen sie mit den Managern der mittleren Führungsebene und mit den Angestellten Gespräche auf und redeten mit ihnen offen und ehrlich über Ethik. Sie sagten allen ihren Mitarbeitern: ›Wir sind mit Ihnen wahrscheinlich nicht immer einverstanden, aber wir verlangen, daß Sie uns gegenüber stets offen und ehrlich sind. Dafür versprechen wir Ihnen, auf Sie zu hören und Sie in keiner Art zu hintergehen.‹ Sie machten Ehrlichkeit und Treue zu den Grundpfeilern des Hotel-Managements.

Binnen zweier Jahre war eine großartige Veränderung erfolgt. Da die Angestellten merkten, daß sich die Hotelleitung um die Dinge kümmerte, hatte die Moral markant zugenommen – doch nicht nur das: Vorkommnisse, welche die Hauptprobleme ausmachten, wie zum Beispiel

Diebstähle durch die Angestellten, waren ganz entscheidend zurückgegangen. Die Hotelleiterin erzählte mir: ›Wir hatten sogar ein Zimmermädchen, das uns ein Notenbündel von fast tausend Dollar brachte, das ein Gast in seinem Zimmer in der Schublade hatte liegen lassen.

Als sie uns das Geld gab, sagte sie: ›Vor zwei Jahren hätte ich das nicht getan.‹ Nach drei oder vier Tagen kam es dem Gast in den Sinn, daß er das Geld womöglich in der Schublade hatte liegen lassen, und er verlangte völlig außer sich danach. Zu seinem großen Erstaunen hielten wir das Geld für ihn bereit.«

»Und was geschah mit dem Zimmermädchen?« fragte ich. »Erhielt es eine Belohnung?«

»Sie wurde damals nicht mit Geld entschädigt, aber die Geschichte wurde in der ganzen Hotelkette und in den Lokalzeitungen publik gemacht. Und wie ich vernommen habe, hat das Mädchen später einen besseren Posten bekommen.

Die Hotelmanagerin und ihr Sohn versuchen, ihren Angestellten klarzumachen, daß sie einen ›seelischen Gewinn‹ erzielen, wenn sie ethisch korrekt und richtig handeln: Ihr Verhalten wird anerkannt, gelobt und entsprechend geschätzt.«

»Ereignisse wie diese sollten häufiger verbreitet werden«, sagte ich. »Kennen Sie noch mehr Beispiele, die von ethischem Führungsstil des Top-Management zeugen?«

»Oh, ja«, erwiderte der Unternehmensberater. »Ein von mir sehr geschätzter Manager leitet eine Handelsfirma der Maschinenbranche. Er sagt seinen Angestellten, daß sie stets bei ihm arbeiten können – auch wenn einmal eine Zeitlang keine Arbeit da ist –, sofern sie ihn nicht anlügen und nicht stehlen. ›Meine Mitarbeiter‹, so sagt er, ›und ich ziehen am selben Strick; wenn sie zu mir ehrlich sind, fühle ich mich ihnen gegenüber verpflichtet. Wir pflegen eine Atmosphäre des gegenseitigen Vertrauens. Wir lassen uns etwas einfallen, um zusammen harte Zeiten durchzustehen.‹«

»Und wenn ein Mitarbeiter zwar ehrlich, aber unfähig ist?« fragte ich ihn. »Würde er ihn dann in der Firma behalten?«

»Zunächst würde dieser Manager in einem solchen Fall die Verantwortung übernehmen«, antwortete der Unternehmensberater, »schließlich hat er ja diesen Mitarbeiter eingestellt. Und zum zweiten würde er alles Erdenkliche tun, um diesen Angestellten auszubilden und mit ihm zu arbeiten, bis in dem Unternehmen für ihn die richtige Stelle gefunden wäre. Wenn dies nicht gelänge, so würde er dem Mitarbeiter mit allen Mitteln helfen, ihm durch eine Versetzung in einer anderen Firma eine ihm angemessene Stellung zu finden. Er will, daß alle seine Angestellten zu ihrem Vorteil kommen, selbst wenn die einzige Möglichkeit darin besteht, daß sie sein Unternehmen verlassen.«

»Arbeitet denn eine solche Firma auch noch mit Profit?«

»Ja«, antwortete der Unternehmensberater. »Sogar sehr, und sie hat wirklich schwere Zeiten überstanden. Die Art des Managers, mit seinen Mitarbeitern umzugehen, spiegelt sich in deren Arbeitsqualität und Kundenbetreuung wider.«

»Jetzt ist mir bewußt geworden, welche Rolle der Zweck in einem Unternehmen spielt«, fügte ich hinzu. »Wenn man keine klare Vorstellung hat, was das Unternehmen sein soll, so läuft es Gefahr, zu etwas zu werden, was man nicht wünscht. Wo Verhaltensrichtlinien fehlen, ist alles im Eimer. Erzählen Sie mir nun bitte vom Stolz auf das Unternehmen.«

Vom Stolz auf das Unternehmen

»*Stolz* ist die Einstellung, die Mitarbeiter der Firma gegenüber haben«, antwortete der Unternehmensberater. »*Ich bin überzeugt, daß die negative Einstellung, welche die Mitarbeiter gegenüber ihrem Unternehmen gaben, die Wurzel unethischen Verhaltens ist.*

Wenn die Mitarbeiter spüren, daß sie geschätzt werden, so widerstehen sie der Versuchung, unethisch zu handeln, viel eher. Wenn sie auf ihre Firma und deren Bedeutung stolz sind, setzen sie sich auch für die Rechtschaffenheit innerhalb des Unternehmens ein. In diesem Falle ist es der Beweis dafür, daß man dem Zweck und der Aufgabe des Unternehmens Tag für Tag nachlebt.«

»Wie kommt man zu diesem Stolz auf das Unternehmen?«

»Meiner Ansicht nach beginnt es im Innern, um dann auszustrahlen«, antwortete der Unternehmensberater. »Bevor die Mitarbeiter auf ihr Unternehmen stolz sein können, müssen sie mit sich selbst und mit ihrer Tätigkeit für die Firma im Einklang sein. Benjamin Franklin hat das sehr schön formuliert:«

Man kann
nicht erwarten,
daß ein
leerer Sack
aufrecht steht.

Platz für eigene Notizen

In meinem Fall bedeutet das:

»Mit anderen Worten: Man muß den Menschen helfen, ihre Selbstachtung aufzubauen, bevor man von ihnen Stärke erwarten kann«, fügte ich hinzu.

»Genau das ist es«, entgegnete der Unternehmensberater. »Und Selbstachtung baut man auf, indem man auf positive Erlebnisse und Erfahrungen Gewicht legt. Es ist, als legte man Geld auf ein Bankkonto. Sooft man zum Beispiel mit jemandem ein positives zwischenmenschliches Erlebnis hat und sieht, daß dieser Mensch etwas Richtiges tut, und ihn deswegen lobt, so ist es, als legte man auf seinem ›Selbstachtungskonto‹ Geld an. Wenn Sie und jener Mensch genügend positive Einlagen machen können und dann einmal eine Notlage kommt und jener Mensch sich gezwungen sieht, etwas abzuheben, so hat er auf seinem Konto eine Reserve. Wenn er sich dagegen keine Selbstachtungsreserve angelegt hat, so kann er vom Konto nichts abheben, um dem Druck, sich unethisch zu verhalten, zu widerstehen.«

»Der Gedanke, Menschen zum rechten Handeln anzuregen, gefällt mir. Die meisten Unternehmen sind auf das Negative aus und halten ihre Mitarbeiter an, das Falsche statt das Richtige zu tun, nicht wahr? Unsere Firma macht sich dessen auch schuldig.«

»Das ist bei den meisten Unternehmen der Fall, und es ist weder erfreulich noch produktiv, die Mitarbeiter so zu behandeln. Es ist weder dem Selbstvertrauen noch dem Stolz auf das Unternehmen förderlich.«

»Um den Stolz der Mitarbeiter auf ihr Unternehmen zu fördern, muß man also ihr richtiges Handeln und Verhalten loben«, sagte ich.

»Und wenn man das macht, fördern die gesteigerte Selbstachtung und der Stolz auf das Unternehmen einwandfreies, ethisches Entscheiden und Verhalten«, fügte der Unternehmensberater hinzu.

»Wie kann man sicherstellen, daß Manager ihre Angestellten wirklich gut behandeln?«

»Die beste Möglichkeit, die ich kenne, ist eine gute, sichere Leistungskontrolle.«

»Wieso denn?«

»Weil eine positive Leistungskontrolle ohne Frage die beste Motivation für den Mitarbeiter darstellt«, sagte der Unternehmensberater. »Wir wollen doch alle immer die Bestätigung dafür haben, daß wir gute Arbeit geleistet haben. Wenn die Leistungkontrolle effektiv sein soll, müssen die Mitarbeiter fast täglich ein Feedback bekommen, d. h. ihre Arbeit muß kontolliert und – falls angemessen – gelobt werden. Leider haben die meisten Firmen kein geregeltes Leistungskontrollsystem – die Mitarbeiter wissen deshalb auch gar nicht, wie ihre Leistung beurteilt wird –, oder das bestehende System ist schlicht und einfach ein Rundumschlag, bei dem alle Mitarbeiter wahllos in den Senkel gestellt werden.«

»Das Kontrollsystem in der Firma, in der ich arbeite, fällt in die zuletzt genannte Kategorie«, sagte ich. »Zu oft kann man beobachten, daß ein Manager – und ich schließe mich hier nicht aus – negative Informationen über einen Mitarbeiter sammelt und diese anläßlich einer Bagatelle oder im Rahmen der offiziellen Leistungskontrolle alle auf ein Mal vorbringt. Es gibt aber auch Fälle, wo alles unter den Teppich gekehrt und so getan wird, als wäre alles in bester Ordnung, obwohl es in Wirklichkeit natürlich gar nicht so ist.«

»Wenn Mitarbeiter unbegründet angegriffen werden«, sagte der Unternehmensberater, »verlieren sie die Achtung vor ihrer Firma und den Stolz auf ihren Job.«

»Das ist sicher. Nun, kennen Sie Firmen, die eine gute Leistungskontrolle haben?« fragte ich.

»Solche Unternehmungen muß man leider mit der Lupe suchen«, erwiderte er. »Wenn ich Firmen besuche und die Mitarbeiter frage, ob sie mit der Leistungskontrolle zufrieden seien, so weiß ich niemand, der diese Frage mit Ja beantwortet hätte – mit Ausnahme der Personalabteilung, die das geltende System genehmigt hatte.«

»Woran hapert es Ihrer Ansicht nach bei den meisten Leistungskontrollen?«

»Meines Erachtens wird der Schwerpunkt falsch gesetzt. Eine gute Leistungskontrolle besteht doch aus drei Teilen: Erstens aus dem *Leistungsstandard,* mit dem die zu erreichenden Ziele festgelegt werden; zweitens aus der *täglichen Unterstützung,* indem sich die Vorgesetzten die Ärmel hochkrempeln und ihren Mitarbeitern helfen, die gesetzten Ziele zu erreichen; und drittens aus der *Leistungsbeurteilung,* bei der man sich mit seinen Leuten zusammensetzt und abwägt, inwieweit die Leistungen mit den gesetzten Zielen übereinstimmen. Die Frage ist nun: Welchen dieser drei Teile setzen die meisten Unternehmungen an den Anfang?«

»Die Leistungsbeurteilung«, sagte ich. »Das Personal bekommt eine Art Formular, das ein- bis zweimal jährlich ausgefüllt werden muß.«

»Genau so ist es«, fuhr der Unternehmensberater fort. »Die meisten Unternehmen setzen bei der Leistungsbeurteilung an und gehen dann, wenn alles gut geht, zum Leistungstandard über (sofern das Management dazu übergeht, die Bedeutung der Zielsetzung hervorzuheben). Welcher der drei Teile des Qualifikationssystems wird wohl nie systematisch befolgt ?«

»Die tägliche Unterstützung«, antwortete ich. »Ich weiß, worauf Sie hinauswollen. Das ganze Gewicht wird auf die Leistungsbeurteilung gelegt, allenfalls noch ein bißchen auf den Leistungsstandard. Sehr wenig aber – wenn überhaupt – auf die Unterstützung und Förderung der Mitarbeiter.«

»Und wenn Sie jetzt noch die Anwendung der ›Normalverteilungskurve‹, wie sie in den meisten Unternehmen vorherrscht, bedenken, so erhalten Sie ein überaus demotivierendes System«, fügte der Unternehmensberater hinzu.

»Die Mentalität der ›Normalverteilungskurve‹?« wiederholte ich fragend.

»Meistens wird von den Vorgesetzten verlangt, daß sie bei der Beurteilung ihre Mitarbeiter in Kategorien einteilen, von denen man sich jene typische Vorstellung macht, wenn man sich das gewöhnliche Volk vor Augen hält: in ein paar Spitzenkräfte, in ein paar Leistungsschwache und schließlich in den Rest der Menschen. Die Mehrheit der Mitarbeiter wird den mittelmäßigen zugezählt und für durchschnittlich gehalten.«

»Mit anderen Worten: Nur wenige Mitarbeiter haben eine Erfolgschance.«

»Genau«, fuhr der Unternehmensberater fort. »Nehmen wir an, Sie hätten sechs oder sieben Mitarbeiter, die Ihnen unterstellt sind, und Sie würden sie bei der Beurteilung hoch einstufen – welche Note gäbe Ihr Chef wohl Ihnen?«

»Er würde mich als schlechten Manager einstufen und mir ein schlechtes Zeugnis ausstellen. Er würde mich als ›weichen Typ‹ bezeichnen oder mir vorwerfen, ich würde das Geld verplempern, oder mir sagen, daß nur der Präsident der Vereinigten Staaten die Bestnote erhalte.«

»Es scheint beinahe unmöglich, niemanden tiefer einzustufen. Somit verfällt ein Vorgesetzter rasch einmal auf den Gedanken, daß er nur dann eine gute Beurteilung erhält, wenn er einigen Mitarbeitern ein schlechtes Zeugnis ausstellt. Das Schlimmste, was einem Manager bei einer solchen Qualifikationspolitik passieren kann, ist eine Gruppe hochqualifizierter Mitarbeiter zu haben – denn wen soll er dann noch schlecht beurteilen? Und wenn man einen untüchtigen Mitarbeiter hat, so ist man wohl kaum willens, ihn zu fördern, denn wer bleibt einem noch für eine schlechte Qualifikation?«

»Sie beschreiben unser Qualifikationssystem wie einen Erdhaufen, aus dem der Golfball praktisch nicht geschlagen werden kann«, warf ich ein. »Jetzt weiß ich, weshalb Vorgesetzte bei ihren Mitarbeitern immer nach Fehlern suchen.«

»Jedesmal, wenn Sie jemanden fertigmachen«, sagte der Unternehmenberater, »so verringern Sie nicht nur das Selbstvertrauen dieses Menschen, sondern vermindern auch die Achtung, die er vor Ihnen als Vorgesetztem und vor der Firma hat. Wenn diese Gepflogenheit im ganzen Unternehmen Schule macht, so führt sie zu einer ›Zuerst-komme-ich-Einstellung‹, und die Angestellten handeln nur noch nach ihren eigenen Interessen.«

»Was raten Sie bei einer dermaßen schlechten Atmosphäre, wie kann man sie in eine positive verwandeln?« fragte ich.

»Als eine der besten Möglichkeiten, Selbstachtung und Stolz auf das Unternehmen zu fördern«, fuhr der Unternehmensberater fort, »bietet sich ein Qualifikationssystem mit klaren, faßbaren und meßbaren Leistungszielen an. Es braucht zudem Vorgesetzte, die willens sind, die Ärmel hochzukrempeln und ihre Mitarbeiter beim Erreichen der Ziele zu unterstützen, auf sie zu hören, ihnen zu helfen und sie zu ermuntern. Was glauben Sie, wie das Urteil ausfällt, wenn man auf diese Art Leistungsstandards festlegt und die Mitarbeiter tagtäglich fördert?«

»Sie gewinnen«, antwortete ich.

»Und ob«, meinte mein Bekannter. »Und genauso gewinnt auch das Unternehmen. Es geht immer darum, zu gewinnen und anderen zum Gewinn zu verhelfen.«

»Gibt es Ziele, denen Sie dabei absoluten Vorrang geben?« fragte ich ihn.

»Die gibt es«, erwiderte er. »Es macht den Mitarbeitern nichts aus, sich anzustrengen, wenn sie wissen, daß ihr Vorgesetzter sie zum Erfolg führen will. In einem Unternehmen, in dem Lob und Ermutigung an der Tagesordnung sind – und eben nicht Tadel und Demotivation –, gewinnen die Mitarbeiter durch die ihnen entgegengebrachte Wertschätzung an Vertrauen.«

»Möchten Sie denn, daß sich die Mitarbeiter innerlich auf die Schulter klopfen?« fragte ich.

»Ja, unter allen Umständen«, war seine Antwort. »Denken Sie aber bitte daran, daß das nur dann möglich ist, wenn sie sich von allem Anfang an mit sich im reinen fühlen.«

»Das alles hört sich großartig an«, sagte ich, »doch ich kann mir schlicht und einfach nicht vorstellen, daß mein Chef Angestellte in aller Öffentlichkeit und Offenheit lobt und ermutigt. Er fühlt sich seiner Aufgabe als Richter und Geschworener in einer Person verpflichtet. Eine der Einsichten, die ich im Gespräch mit unserem gemeinsamen Freund, dem Minister, gewann, war, daß mein Vorgesetzter in der für ihn bezeichnenden Weise handelt, weil er sich nicht sonderlich mit sich selbst im reinen fühlt. Wieso in aller Welt gibt es Vorgesetzte mit so geringer Selbstachtung, daß sie ein negatives Weltbild haben?«

»Wann haben Sie Ihrem Chef zum letzten Mal etwas Nettes gesagt?« fragte der Unternehmensberater.

»Das ist wohl nicht Ihr Ernst«, sagte ich lachend.

»Ich meine nicht, wann Sie ihn das letzte Mal umarmt haben«, entgegnete mir der Unternehmensberater. »Meine Frage ist, wann Sie zum letzten Mal gesehen haben, daß *Ihr Vorgesetzter etwas Rechtes getan hat.* Ich hege die Befürchtung, daß die meisten Mitarbeiter ihre Vorgesetzten genauso behandeln, wie sie von ihnen behandelt werden. Vergessen Sie nie, welche Bedeutung Stolz und Selbstachtung auch für Vorgesetzte haben. Was machen Sie also, wenn Ihr Chef etwas Gutes getan hat?«

»Nichts«, war meine ehrliche Antwort. »Ich sage mir

bloß, daß er schließlich dafür reichlich bezahlt wird. Er *sollte* das Richtige tun.«

»Eben«, fuhr der Unternehmensberater fort. »Und wenn er etwas falsch macht, was tun Sie dann?«

»Dann sag' ich ihm – direkt oder auf Umwegen –, daß er Mist gebaut hat. Doch wird mir jetzt klar, worauf Sie hinauswollen«, sagte ich. »Ich suche bei meinem Chef das Schlechte, genauso wie er es bei mir sucht.«

»Machen Sie sich kein Gewissen daraus«, sprach der Unternehmensberater mir zu, »die meisten Menschen sind wie Sie. Sie sprechen ihren Vorgesetzten nie ihre Anerkennung aus, wenn sie etwas gut gemacht haben. Wenn ein Vorgesetzter wie der Ihrige ist und nicht viel von sich hält, kann sich sein Minderwertigkeitsgefühl durch die Art, wie man mit ihm umgeht, verhärten. Wenn Sie zu ihm gehen, ist er stets in Kampfposition, weil er spürt, daß Sie ständig darauf aus sind, ihn bei einer Fehlhandlung zu ertappen. Das führt dazu, daß er sich minderwertig fühlt. Um diese Beziehung zu ändern, müssen Sie ganz bewußt anfangen, die negativen Äußerungen Ihrem Vorgesetzten gegenüber in positive zu verwandeln.«

»Es sollte also jedem Mitarbeiter immer sofort gesagt werden, wenn er etwas gut gemacht hat – ungeachtet der hierarchischen Abstufungen –, nach oben, nach unten und auf der gleichen Ebene, also rundherum im ganzen Unternehmen«, sagte ich.

»Ja«, erwiderte der Unternehmensberater. »Es fällt schwer, andere zu loben und ihnen beim Aufbauen ihres Selbstwertgefühls zu helfen, wenn man mit sich selbst nicht im reinen ist.«

»Wir wirkt sich das denn auf die Kunden aus?« wollte ich wissen.

»Die Kunden spüren unmittelbar die Art und Weise, wie die Mitarbeiter in einem Unternehmen behandelt werden«, antwortete der Unternehmensberater. »Wenn die Mitarbeiter das Gefühl haben, daß man sich um sie nicht kümmert – wie kann man denn erwarten, daß sie sich um die Kunden kümmern?

Ich kenne einen Spitzenmanager, der über 800 Angestellte unter sich hat. Als ich mit ihm durch seinen Betrieb ging, war ich baß erstaunt: Er schien jeden Angestellten beim Namen zu kennen, wußte, welches seine Arbeit war und woher er kam.

Ich fragte ihn, wie er das alles wissen könne, die Namen und die Herkunft. Darauf sagte er mir: ›Wie könnte ich von meinen Mitarbeitern verlangen, sich um unsere Kunden zu kümmern, wenn ich mich nicht bemühen würde, mich ihrer anzunehmen?‹ Wenn Sie also über die Qualität Ihres Personalwesens Bescheid haben wollen, so fragen Sie Ihre Kunden, wie sie von Ihren Mitarbeitern behandelt werden. Und welches ist das schönste Wort, das einem anderen Menschen über die Lippen kommen kann?«

»Der eigene Name«, erwiderte ich. »Ich begreife nun die Bedeutung, die dem echten Stolz beim gesunden ethischen Geschäftsgebaren zukommt. Jedermann, der in einem Unternehmen arbeitet, muß auf seine Arbeit stolz sein. Wenn dieses Gefühl des Stolzes gegeben ist, sind die Mitarbeiter auch gewillt, zu ihrer Firma zu stehen. Wie verhält es sich nun aber mit der Geduld des Unternehmens? Was hat sie damit zu tun?«

Von der Geduld des Unternehmens

»Die *Geduld* eines Unternehmens«, erläuterte mir der Unternehmensberater, »schließt die Zuversicht mit ein, daß es mit Ihren Wertvorstellungen und Überzeugungen auf lange Sicht zum Rechten steht. Was Unternehmensführung betrifft, so heißt das sich auf die langfristigen Unternehmensziele konzentrieren, so zum Beispiel auf die Qualität Ihrer Produkte, den Kundendienst, die Beziehungen, die Sie mit Ihren Kunden, Ihren Lieferanten und der Region pflegen, in der Sie geschäftlich tätig sind; es geht also nicht bloß um kurzfristige Verkaufserfolge. Für Angestellte, die nicht dem Management angehören, heißt Geduld eine gute Arbeit verrichten und sich bewußt sein, daß gute Arbeit sie letztlich zum Unternehmensziel führt. Für alle Mitarbeiter bedeutet Geduld das: Alle Kraft einsetzen und dem übergreifenden Zweck, der vereinbarten Politik und der Vorgehensweise des Unternehmens verpflichtet sein. Eine Aussage, die ich wirklich mag, drückt dies deutlich aus:

Nur
wegen des
Gewinns
Geschäfte machen
ist wie
Tennis spielen
mit dem Blick
auf die
Anzeigetafel
anstatt auf den
Ball.

Platz für eigene Notizen

In meinem Fall bedeutet das:

»Wenn man eine Unternehmensanalyse vornimmt«, fuhr der Berater fort, »kommt es darauf an, zwei Dinge auseinanderzuhalten: Das *Ergebnis* (also zum Beispiel den Gewinn) und das *Vorgehen* (damit meine ich die im Hinblick auf das Ziel festgelegte Arbeitsweise und den Umgang mit den Mitarbeitern). Nehmen wir den Tennissport als Beispiel. Die Anzeigetafel gibt den Spielstand an. Die Art und Weise, den Ball zu schlagen und das Spiel aufzubauen, ist das Vorgehen. Gesundes ethisches Verhalten trifft man in Unternehmen an, in denen das vereinbarte Vorgehen weder aufs Spiel gesetzt noch umgangen, noch geringgeschätzt wird, wenn es um das Erreichen der gesetzten Ziele geht.«

»Wenn Sie also, mit anderen Worten, den Ball nicht im Auge behalten, laufen Sie Gefahr, daß auf der Tafel nicht sonderlich viel zu Ihren Gunsten angezeigt wird.«

»Das ist ein schöner Vergleich«, sagte der Unternehmensberater. »Alle sind sich darüber einig, daß ein Unternehmen, das keine angemessenen Ergebnisse erzielt, Konkurs macht. Ergebnisse sind zwar wesentlich, doch sie allein reichen nicht aus. Wird das festgelegte Vorgehen nicht befolgt, weil die Ungeduld, Gewinne zu erzielen, zu groß ist, so sind die erzielten Resultate unter Umständen von kurzer Dauer. Wenn man bei der Herstellung auf Kosten der Qualität eines Produktes Investitionskürzungen vornimmt oder den langfristigen Interessen der Mitarbeiter und Kunden keine Beachtung schenkt, so führt eine solche kurzsichtige Unternehmenspolitik die Firma in den Ruin. Die Kunden bemerken, daß Ihr Produkt mangelhaft ist, und werden keine Erzeugnisse mehr kaufen, die Ihr Unternehmen herstellt. Die Mitarbeiter werden allmählich ein den Firmeninteressen zuwiderlaufendes Verhalten annehmen, indem sie beispielsweise lügen oder stehlen und das Unternehmen auf diese Weise unterlaufen, um mit ihm nach Kräften abzurechnen. Weshalb ist das so? Weil Kunden und Mitarbeiter spüren, wenn man sie schlecht behandelt.

Bei Unternehmen, in denen eine kurzsichtige Führung an der Tagesordnung ist und die Behandlung der Mitarbeiter zu wünschen übrigläßt, spreche ich vom ›Möwen-Management‹.«

»Möwen-Management?« fragte ich schmunzelnd. »Ich hab' schon von vielen Führungsstilen gehört, aber vom Möwen-Management habe ich noch nie etwas vernommen.«

»Ein Möwen-Manager«, lächelte der Unternehmensberater, »kommt angeflogen, macht viel Aufhebens, beglückt jeden mit seinem Kot und fliegt dann wieder weg. Und das hat dann oft eine wellenartige Auswirkung.«

Ich mußte über seinen Vergleich herzlich lachen. Danach fragte ich ihn, was er mit wellenartiger Auswirkung meine.

»Das ist so: Wenn Ihrem Vorgesetzten zu Ohren kommt, daß etwas schiefgelaufen ist, so tadelt er Sie. Verärgert, wie Sie dann sind, ziehen Sie einen Ihrer Mitarbeiter zur Rechenschaft. Dieser wiederum macht einen Angestellten auf der nächsttieferen Stufe verantwortlich oder – was noch schlimmer ist – läßt seine Wut an einem Kunden aus. In einem seiner legendären Comics in der ›Saturday Evening Post‹ hat Norman Rockwell diese wellenartige

Auswirkung anhand eines Beispiels auf herrliche Art wiedergegeben: Das erste Bild zeigt einen Angestellten, der von seinem Chef angeschnauzt wird. Auf dem nächsten Bild brüllt dieser Angestellte seine Frau an. Das dritte Bild zeigt, wie die Mutter ihrem kleinen Jungen Schelte gibt. Und auf dem letzten Bild versetzt der Junge seiner Katze einen Tritt.«

»Eine schmerzliche Wahrheit«, sagte ich. »Und nachdem die Vorgesetzten einem gesagt haben, daß man nichts tauge und daß man sich auf einen nicht verlassen könne, erwarten sie von uns, daß wir ehrlich, loyal und was weiß ich sonst noch alles sind.«

»Immer wieder erhalte ich Anrufe von Unternehmen, deren Manager mich bitten, unter anderem ihre Kreativgruppen zu begutachten. Dabei sagen sie mir: ›Sie funktionieren einfach nicht so, wie sie sollten. Von unseren Leuten erhalten wir keine wirklich brauchbaren Vorschläge.‹«

»Fast immer stoße ich auf Möwen-Management und auf ein Kontrollsystem, das aufs ›Kaputtmachen‹ aus ist. Austrittsgespräche gleichen oftmals einem James-Bond-Film. Sie hören einen Schrei, und jemand ist in einem Schacht verschwunden. Sie fragen, was denn geschehen sei, und bekommen zur Antwort: ›Ich weiß es nicht, aber halten Sie lieber Ihren Mund, sonst sind Sie als nächster dran.‹

Und dann wundern sich die Top-Manager, weshalb die Mitarbeiter – wenn man sie zusammenruft und sie nach Verbesserungsvorschlägen fragt – sich im Raum umsehen und denjenigen ausfindig zu machen versuchen, welcher ihnen den größten Schaden zufügen könnte. Daraufhin sagen sie genau das, was die betreffende Person hören will – was in den meisten Fällen von der Wahrheit sehr abweicht. Tatsachen vertuschen, ausweichende Antworten geben und die Verantwortung anderen zuschieben werden zur Gepflogenheit, wenn Mitarbeiter schlecht behandelt worden sind bzw. sich auf eine schlechte Behandlung gefaßt machen.«

»Und alles nur, weil die Ergebnisse entweder zu unbefriedigend sind oder nicht rasch genug erzielt wurden«, sagte ich. »Das war in unserem Unternehmen der Fall; alles Augenmerk richtet sich ausschließlich auf die Ergebnisse.«

»Eine Aussage wie: ›Wie Sie den Gewinn erzielen, ist mir egal – Hauptsache, sie erzielen ihn‹ verrät unmißverständlich, daß auf die kurzfristigen Ergebnisse mehr Wert gelegt wird als auf die langfristigen.«

»Genau so ist es«, sagte ich. »Kommt zum Möwen-Management eine mangelhafte Kundenbetreuung oder Produktqualität hinzu, so ist die Katastrophe vorprogrammiert.«

»Der Großteil ethischen Zerfalls, den man in einem Unternehmen antrifft, läßt sich auf die Ungeduld der Mitarbeiter zurückführen. Diese Ungeduld beeinträchtigt die Zuversicht der Kunden und die Zufriedenheit der Mitarbeiter und setzt einen Teufelskreis in Bewegung, der sich auf die Ergebnisse negativ auswirkt«, fügte der Unternehmensberater hinzu.

»Wie wirft man in einer Situation, wie sie in meiner Firma herrscht, das Steuer herum?« wollte ich wissen.

»Sehr sachte«, lautete die Antwort des Unternehmensberaters. »Dazu bedarf es wahrscheinlich eines Einsatzes von zwei bis fünf Jahren. Das Ganze beginnt mit einem klar definierten Zweck und wird durch Geduld gefördert. Denken Sie an den alten Präsidenten der Matsushita Electric, der sich als die Seele des Unternehmens begriff. Er wurde von jemandem gefragt, ob sein Unternehmen langfristige Ziele habe.

›Ja‹, lautete seine Antwort.

›Von wie langer Dauer sind Ihre langfristigen Ziele?‹

›250 Jahre‹, antwortete er.

›Womit erreichen Sie sie denn?‹

›Mit Geduld.‹«

Wir mußten beide lachen. »Das nenne ich in der Tat Geduld«, sagte ich.

»Ich auch«, meinte der Unternehmensberater. »Sehen Sie, ich bin fest davon überzeugt, daß Ungeduld häufig das Übel ist, das uns vom Weg abbringt. Was in den Unternehmungen not tut, ist der unbeugsame Wille, den Werten, an die wir letztlich glauben, treu zu bleiben, und das Vertrauen, daß wir auf lange Sicht unsere Ziele erreichen. Der Vorsitzende eines New Yorker High-Tech-Unternehmens, das Instrumente für Ärzte herstellt, hat mir ein schönes Beispiel für Geduld geschildert. Im vergangenen Frühjahr hatte sein Unternehmen einen Regierungsauftrag von über einer Million Dollar abgelehnt, weil es der Ansicht war, das von der Regierung gewünschte Produkt entspreche nicht dem Qualitätsstandard des Unternehmens – und das, obschon es den Anforderungen der Regierung durchaus genügt hätte.

Ich fragte den Vorsitzenden, ob er denn auf diesen Auftrag angewiesen sei«, fuhr der Unternehmensberater fort. »Er sagte mir: ›Man ist immer auf Aufträge angewiesen. Produkte von minderer Qualität zu liefern ist langfristig gesehen kein gutes Geschäft. Unsere Familie hat dieses Unternehmen während der letzten fünfzig Jahre geführt; dabei haben wir eingesehen, daß – wenn man geduldig ist – bessere Geschäfte auf einen warten.‹«

»Geduld heißt also am Vorgehen, der eigenen Überzeugung und dem Glauben festhalten, daß sich die Dinge zum Guten wenden«, sagte ich.

»Genau so ist es«, erwiderte er. »Doch bei der Geduld ist in einer Hinsicht Vorsicht geboten: Sie müssen realistisch sein. Wie viele Bauern sind geduldig gewesen, haben unerschütterlich an das Wachstum geglaubt – und haben dennoch alles verloren. Heutzutage fällt es einem schwer, an das Wachstum eines Stahlwerks zu glauben, denn mit der Stahlindustrie geht es abwärts. Sie müssen an sich selbst, an Ihr Produkt und an Ihr Unternehmen glauben; Sie müssen aber auch die Gegebenheiten kennen, wie sie auf der Welt tatsächlich sind, und auf Wechsel und Veränderungen jeglicher Art vorbereitet sein.«

»Mit anderen Worten: Man darf nicht leichtgläubig sein«, meinte ich. »Man muß, was die Zukunft des Unternehmens betrifft, realistisch sein. Mir ist klar, welche Rolle die Geduld des Unternehmens spielt. Erzählen Sie mir nun aber bitte von der vierten Tugend, nämlich von der Beharrlichkeit des Unternehmens.«

Von der Beharrlichkeit des Unternehmens

»*Beharrlichkeit* des Unternehmens bedeutet, daß die Unternehmensleitung ihre Verpflichtung einhält, indem sie hält, was sie verspricht.«

»Ich habe den Eindruck, daß jene Manager, die den großen Regierungsauftrag abgelehnt haben, nicht nur geduldig waren, sondern auch beharrlich auf ihrem Qualitätsstandard bestanden«, sagte ich. »Zwischen Geduld und Beharrlichkeit scheint offenbar ein enger Zusammenhang zu bestehen.«

»Das ist richtig«, entgegnete er. »Wenn Sie darauf vertrauen, letztlich Erfolg zu haben, so sind Sie viel eher in der Lage, durchzuhalten und sich Ihren guten Vorsätzen entsprechend zu verhalten.

Natürlich gibt es Manager, die inkonsequent handeln«, fuhr er fort. »Sie geben fromme Äußerungen über ethische Verpflichtungen von sich, aber sie leben dem, was sie immer wieder predigen, überhaupt nicht nach. So reden sie beispielsweise wortgewandt vom Wert der Ehrlichkeit, der Redlichkeit und Aufrichtigkeit – doch die von ihnen genehmigte Werbekampagne ihrer Firma besteht aus

Fehldarstellungen, Übertreibungen und oftmals auch aus reinen Lügen.

In anderen Unternehmen wiederum werden Manager, die die vereinbarten Richtlinien ethischen Verhaltens nicht einhalten, für ihren mangelnden Einsatz nicht verantwortlich gemacht. Ohne Verantwortlichkeit – handle es sich nun um positive oder negative Auswirkungen von Dingen, die man getan oder auch nicht getan hat – ist jede Unternehmenspolitik bzw. jedes Firmenprogramm zum Scheitern verurteilt.

Beharrlichkeit des Unternehmens bedeutet somit ständiges Festhalten an den ethischen Grundsätzen, welche die Firma festgelegt hat.«

»Genau so ist es«, sagte der Unternehmensberater. »In einer Firma, die ich beraten habe, erlebte ich ein Beispiel unternehmerischer Beharrlichkeit. Mehrere Jahre bevor in dem ganzen Unternehmen ein Ethikkodex und Verhaltensmaßregeln eingeführt wurden, war es gang und gäbe, daß viele Mitarbeiter von Kunden Geschenke annahmen. In den neuen Verhaltensrichtlinien wurde klar und deutlich festgehalten, daß Mitarbeiter von Kunden, Lieferanten, Vertragspartnern und anderen Geschäftsleuten keinerlei Geschenke annehmen dürfen, wenn damit die Entscheidung über ein laufendes oder künftiges Geschäft beeinflußt werden könnte. Ein Generaldirektor hatte landesweit einen Manager gesucht, der beim Abschluß von Firmenverträgen eine Schlüsselposition einnehmen sollte. Nach mehrmonatigen Bewerbungsgesprächen fand er zu seiner Genugtuung einen Manager, der in jeder Hinsicht über die erforderliche Befähigung verfügte. Schon nach kurzer Zeit erwies es sich, daß er einen wahren Erfolgsmanager angestellt hatte.

Dieser schien seine Arbeit hervorragend zu machen. Eines Tages wollte es der Zufall, daß der Generaldirektor in das Büro des neu einngestellten Managers ging und das Telefon läutete. Da der Manager nicht im Büro war und niemand den Anruf entgegennahm, hob der Generaldirektor ab. Er sagte dem Anrufer, der Manager sei nicht da, und fragte ihn, ob er ihm eine Notiz hinterlassen solle. Der Anrufende antwortete: › Sagen Sie ihm doch bitte, daß der neue Vertrag heute angekommen ist und daß wir ihm, wie verlangt, die Kiste Wein geschickt haben. ‹

Der Generaldirektor wußte, daß mit einem neuen Lieferanten kürzlich ein Vertrag abgeschlossen worden war, doch vom Wein hatte er bislang nichts gehört. Es kam ihm irgendwie verdächtig vor; aus diesem Grunde legte er dem Manager eine Notiz aufs Pult, auf der stand, daß er unverzüglich zu ihm zu kommen habe.

Als der Manager zum Generaldirektor ging, überreichte ihm dieser die Telefonnotiz und fragte ihn, was das solle. Der Manager erwiderte: ›Der Lieferant war schlicht und einfach glücklich, den Auftrag zu erhalten, und wollte, daß die Geschäftsbeziehungen einen guten Anfang nehmen. Er fragte mich, ob er irgend etwas für mich tun könne, um seine Dankbarkeit zu erweisen. Halb im Spaß sagte ich, wie es denn mit einer Kiste Wein wäre. Offenbar hat er mich beim Wort genommen. ‹

Der Generaldirektor dachte eine Weile lang nach und fragte den Manager darauf: ›Kennen Sie die Politik unseres Unternehmens, was Geschenke betrifft?‹

›Keine Geschenke annehmen.‹

›Und was machen Sie jetzt mit dieser Kiste Wein?‹

›Zurückschicken.‹

›Gut‹, sagte der Generaldirektor sichtlich zufrieden. ›Jeder darf einmal einen Fehler machen – Sie haben Ihren Fehler jetzt gemacht. Seien Sie froh, daß mir diese Geschichte rechtzeitig genug zu Ohren gekommen ist; denn wenn ich von diesem Vorfall erst hinterher gehört hätte, wären Sie entlassen.‹«

»Hätte er ihn tatsächlich entlassen?« frage ich.

»Oh, ja. Er vertrat die Meinung, daß eine Politik, die nicht befolgt wird, für ein Unternehmen wertlos ist. Wenn es einmal ruchbar geworden wäre, daß jemand gegen die Politik verstoßen hat und ohne Strafe davongekommen ist, so wäre damit ein Präzedenzfall geschaffen worden, und andere Mitarbeiter hätten fortan die Firmenpolitik ebenso mißachtet. Den besagten Manager mußte er allerdings rund sechs Monate später wegen eines ähnlichen Vorfalls entlassen. Einen anderen qualifizierten Einkaufsleiter zu finden war keine einfache Sache und nahm mehrere Monate in Anspruch, doch der Generaldirektor fühlte sich verpflichtet, die Firmenpolitik konsequent zu befolgen. Er war nicht bereit, eine Politik aufs Spiel zu setzen, die er eingeführt hatte, damit in seinem Unternehmen nach ethischen Grundsätzen und entsprechenden Verhaltensregeln gehandelt wird. Er blieb fest, übernahm die Verantwortung und handelte somit konsequent.«

»In diesem Falle bedeutete Beharrlichkeit, keine Kompromisse zu schließen«, fügte ich hinzu. »Doch was hat es mit der unternehmerischen Besonnenheit auf sich?«

Von der unternehmerischen Besonnenheit

»Unternehmerische Besonnenheit waltet dort, wo sich die wichtigsten Firmenmitglieder die Zeit nehmen, um zu überlegen und nachzudenken, wo das Unternehmen steht, wohin es geht und wie es sein Ziel erreichen soll. Allzu viele Manager verfolgen eine Hauruck-Philosophie! Das mag zwar für Innovationen und zum Experimentieren gut sein, ist aber überhaupt nicht geeignet, Menschen oder Firmen zu führen. Was von Managern verlangt wird, ist ein bedachtes, aber zielstrebiges Vorgehen.«

»Sie sprechen jetzt wohl von der Planung«, sagte ich.

»Genau«, erwiderte der Unternehmensberater. »Auf Unternehmensebene heißt das, sich die angemessene Zeit für strategische Planung und Analyse der vergangenen und laufenden Leistungserbringung zu nehmen. Wenn ein Unternehmen sich dieser Aufgabe annimmt, so schafft es die Grundlagen seines künftigen Erfolgs.«

Der Unternehmensberater fuhr fort: »Das führt auch zu den besten Entscheidungen. Ich habe in meiner Tätigkeit eine Menge Manager angetroffen, die Schnellschuß-Entscheider sind. Für die Planung und das Nachdenken wenden sie sehr wenig Zeit auf. Bei Problemen, die bei der Entscheidungsfindung auch andere Mitarbeiter betreffen, machen sie jeweils kurzen Prozeß. Sie nehmen sich nicht die Zeit, Pro und Kontra einer Entscheidung abzuwägen, zusätzliche Informationen einzuholen oder die Entscheidung mit den Mitgliedern ihrer Belegschaft zu besprechen. Die Folge davon ist, daß die betreffende Entscheidung oftmals unausgewogen ist.«

»Ein solcher Führungsstil ist dem Pflichtgefühl der Mitarbeiter wohl nicht eben förderlich, meinen Sie nicht auch?« fragte ich zurück.

Der Unternehmensberater nickte zustimmend. »Ohne Pflichtgefühl, Verantwortungsbewußtsein und Einsatz der Mitarbeiter verläuft die Verwirklichung der Entscheidungen häufig im Sand oder wird gar sabotiert. Schnellschuß-Manager wenden unsinnig viel unproduktive Zeit dafür auf, den Blödsinn, den sie gemacht haben, wieder auszubügeln.«

»Sie sind also der Ansicht, daß man besser daran täte, in die Planung, das Nachdenken und in Mitarbeitergespräche mehr Zeit zu investieren, bevor man entscheidet. Und wenn man so vorgeht, braucht man weniger Zeit, um Entscheidungen wirkungsvoll durchzusetzen.«

»Da gibt es gar keinen Zweifel!« sagte der Unternehmensberater. »Wenn Manager mehr überlegen und nachdenken würden, bevor sie handeln, so könnte wertvolle Kraft darauf verwendet werden, Dinge auf Anhieb richtig zu tun, anstatt die Zeit zu verschwenden, um das, was schiefgelaufen ist, wieder auszubügeln. Ich glaube unbedingt an den folgenden Merkspruch:

Wenn wir
den Anfang
gut überdenken,
wird auch
das Ende gut.

Platz für eigene Notizen

In meinem Fall bedeutet das:

»Um den Anfang gut zu überdenken«, fuhr mein Freund fort, »muß man die Dinge aus der Distanz betrachten. Wenn man das macht, gewinnt man über seinen Lebenszweck und seine Aufgabe Klarheit, man wird geduldiger und, was das Erreichen der Unternehmensziele angeht, beharrlicher; zudem wächst der Stolz auf das Unternehmen.«

»Besteht dabei nicht die Gefahr, daß man mit dem Planen übertreibt, zuviel nachdenkt und sich, indem man ständig analysiert, schließlich paralysiert, d. h. sich bei seinen Entscheidungen lähmt?« fragte ich.

»Natürlich besteht diese Gefahr. Allzuviel ist ungesund. Was es braucht, ist Ausgewogenheit – die Ausgewogenheit von Planung und Verwirklichung einerseits und von Überlegung und Handlung andrerseits.«

»Wenn ich Sie recht verstehe, so müssen wir Entscheidungen gelassener und nach entsprechendem Überlegen fällen«, sagte ich. Für gute Geschäfte braucht es mehr Überlegung als das bloße Abwägen, welcher Weg das meiste Geld bringt. Drum merke:

Manchmal
mögen die Zahlen
zwar stimmen –
die Entscheidung
muß deshalb
nicht richtig sein.

Platz für eigene Notizen

In meinem Fall bedeutet das:

»Wie kann man außerdem die nötige unternehmerische Besonnenheit entwickeln und wie muß man handeln?«

»Ich habe einige interessante Beispiele gesehen, wie Unternehmen erfolgreich vorgehen«, erwiderte der Unternehmensberater. »Eine Methode gefällt mir ganz besonders. Ich kenne einen Manager, der ein dreistufiges Verfahren anwendet, wenn er sich einem schwierigen Problem gegenübersieht oder eine wichtige Entscheidung treffen muß. Wenn er seine Mitarbeiter zu sich ruft, so steht auf seiner Liste zuoberst das *Sammeln von Informationen.* Alle Beteiligten sind gehalten, zum Einbringen von Informationen beizutragen, denn das Ziel besteht darin, möglichst viele Informationen zum vorliegenden Problem oder zur anstehenden Entscheidung zu erhalten.

Nachdem er mit seinen Mitarbeitern die Informationen ausgetauscht und die Ideen erwogen hat, nimmt er sich die Zeit, um über das, was er die *richtige Problemstellung* nennt, *Übereinstimmung zu erzielen.* Er und seine Mitarbeiter besprechen sich, bis sie das Problem exakt formuliert und, sofern eine Lösung möglich ist, die bestmögliche Lösung gefunden haben. Er hält das betreffende Problem vor allen seinen Mitarbeitern fest und bittet sie, sich darüber Gedanken zu machen. Und dann kommt das Ungewohnte – nämlich die dritte Stufe, die er das *›innere Horchen‹* nennt. Er hält jeden Mitarbeiter dazu an, während zehn Minuten still dazusitzen und zu horchen, was die innere Stimme zu dem Problem meint.«

»Das ist wirklich interessant«, sagte ich. »Er sagt seinen Mitarbeitern also nicht, sie sollten etwas Bestimmtes tun – sondern einfach auf die Antwort von innen hören.«

»So ist es«, fügte der Unternehmensberater hinzu, »und das Ergebnis ist nicht minder interessant. Jener Manager sagt, daß seine Leute in diesen zehn Minuten die verschiedensten Dinge tun. Die einen entspannen sich und meditieren, die anderen überlegen sich in aller Ruhe, mit welcher Information sie zu einer Lösung des Problems kommen könnten, und einige beten sogar und bitten eine höhere Macht um Hilfe und Beistand. Was ihn aber am meisten beeindruckt, ist nicht, was seine Mitarbeiter machen, sondern sind die Resultate, die aus diesen stillen Sitzungen herauskommen. Er ist von der Kreativität und der gedanklichen Klarheit verblüfft. Zudem scheint diese Vorgehensart sich auf die Eintracht unter den Mitarbeitern auszuwirken: Sie sind sich fast immer problemlos über die zu treffenden Maßnahmen einig und stehen dann auch zu ihrer Entscheidung. Der Manager sagte mir auch, daß es allem Anschein nach keine Reibereien mehr gebe. Das Teamdenken sei so viel intensiver als das Einzeldenken, daß sich ein echter Synergieeffekt eingestellt habe.«

»Das ist tatsächlich außergewöhnlich«, sagte ich. »In unserem Unternehmen finden alle möglichen Sitzungen statt, aber die meisten sind meines Erachtens reine Zeitverschwendung. Die Sitzungsteilnehmer fallen sich ins Wort, wiederholen sich, wechseln das Thema und üben sich in allen erdenklichen Machtspielen. Ich habe immer das Gefühl, daß wir uns im Kreis herumdrehen. Derjenige, der den Spruch schuf, ein Kamel sei ein von einer Kommission bestimmtes Pferd, hat wohl an unser Unternehmen gedacht.«

»Ich weiß, was Sie damit sagen wollen«, sagte der

Unternehmensberater. »Die einzelnen Menschen zum Teamdenken zu bringen, das braucht viel Zeit.«

»Und Geduld«, fügte ich hinzu.

Der Unternehmensberater fuhr mit seinen Erläuterungen fort: »Ich empfehle Ihnen nicht nur, sich Zeit zu nehmen, um mit Ihrer Abteilung nachzudenken und sich über einen gangbaren Weg grundlegend klarzuwerden. Sie sollten mit Ihren Mitarbeitern auch einmal oder zweimal im Jahr in Klausur gehen. Verschiedene mir bekannte Unternehmen führen regelmäßig einen ›Kreativ-Tag‹ durch, an dem sie, nebst irgendwelchen schöpferischen Tätigkeiten und geselligem Beisammensein, sich in aller Ruhe Zeit nehmen, um über entscheidende Fragen nachzudenken, wie zum Beispiel: ›Was macht uns als Firma (oder Abteilung) stark?‹, ›Was sollten wir angesichts unseres Unternehmenszwecks anders machen?‹, ›In welchem Maße und auf welche Weise leben wir unseren guten Vorsätzen nach?‹«

»Lassen Sie mich bitte ein bißchen überlegen«, sagte ich. »Besonnene Unternehmensführung bedeutet also, daß man der Zeit, die man sich für das Wohl des Unternehmens nimmt, erste Priorität einräumt. Man fühlt quasi den Puls des Unternehmens. Es geht also darum, der Gefahr zu entgehen, die Dinge so zu überhasten, daß man nicht mehr weiß, ob man das Richtige oder das Falsche tut.«

»Für mich«, sagte der Unternehmensberater, »bedeutet besonnenes Handeln im Unternehmen oder in der Abteilung nicht mehr, als daß man sicherstellt, daß das, was man sagt, tatsächlich auch mit dem, was man tut, übereinstimmt. Wenn man diese Übereinstimmung regelmäßig überprüft, ist das Unternehmen wesentlich besser in der Lage, die angestrebten Ziele zu erreichen. Mit anderen Worten: Durch unternehmerische Besonnenheit vermag sich eine Firma auf entschiedene und positive Art auszuzeichnen.«

»Jetzt habe ich wohl verstanden, wie Sie ›unternehmerische Besonnenheit‹ verstehen. Die fünf Tugenden, die zur ethischen Kraft führen, sind also sowohl für den einzelnen von uns als auch für das ganze Unternehmen von entscheidender Bedeutung.«

»Ja, genau so ist es«, erwiderte der Unternehmensberater. »Ich bin überzeugt, daß Ihnen unser gemeinsamer Freund eine Karte gegeben hat, deren Text die fünf Tugenden zusammenfaßt. Ich habe meinerseits ein ›Glaubensbekenntnis‹ vorbereitet, das die genannten fünf Tugenden – auf Firmen angewendet – beinhaltet.

Ein Glaubensbekenntnis: Die fünf Schritte, die zur ethischen Kraft führen, auf ganze Firmen angewendet

1. Schritt:

Zweck

Zielsetzung und Aufgabe des Unternehmens werden von der obersten Führungsebene bekanntgegeben. Unser Unternehmen hat eine Seele, die in den Werten, Hoffnungen und den Vorstellungen besteht, die uns leiten und uns helfen, zu bestimmen, welches Verhalten und Vorgehen annehmbar bzw. nicht annehmbar ist.

2. Schritt:

Stolz

Unsere Mitarbeiter sind auf sich selbst und auf ihr Unternehmen stolz. Diese ihre Einstellung ist die Grundlage unseres Verhaltens. Wir sind uns bewußt, daß Mitarbeiter, die so empfinden, mancher Versuchung, unethisch zu handeln, widerstehen können.

3. Schritt:

Geduld

Wir glauben, daß ein Verhalten, das unseren ethischen Werten entspricht, uns langfristig zum Erfolg führt. Dies bedingt Ausgewogenheit zwischen Zielerreichung und dem Weg, den man einschlägt, um zum Ziel zu gelangen. Wir vertrauen darauf, daß sich alles langfristig zum Guten wendet, wenn wir unserer Überzeugung nachleben.

4. Schritt:

Beharrlichkeit

Wir gehen die Verpflichtung ein, den Wertmaßstäben, den Erwartungen und den ethischen Zielen entsprechend vorzugehen, so wie sie uns von der Firmenleitung vorgegeben werden. Wir fühlen uns an diese Verpflichtung gebunden. Wir achten darauf, daß unsere Handlungen und Vorgehensweisen mit unseren Absichten übereinstimmen.

5. Schritt.

Besonnenheit

Unsere Manager, unsere Mitarbeiter, unser Unternehmen als Ganzes nehmen sich Zeit, um innezuhalten und nachzudenken, um sich klar zu werden, wo wir stehen, wohin wir gehen wollen und welchen Weg wir zu unserem Ziel einschlagen sollen. Wir wissen, daß jede Aufgabe und jeder unternehmerische Erfolg mit eingehendem Nachdenken beginnt. Wir überdenken regelmäßig unsere Grundsätze, denn das hilft uns, auf unserem Weg zu bleiben.

Was tun?

Ich hatte dieses »Glaubensbekenntnis« bis zum Ende durchgelesen. »Damit hat man wirklich etwas in der Hand. Es verhilft mir zu einer ausgezeichneten, praxisgerechten Strategie, dank der ich ein positives Umfeld schaffen kann, das sowohl der ethischen Entscheidungsfindung als auch guten Leistungen förderlich ist.«

»Lassen Sie mich bitte eine Sache hervorheben«, riet mir der Unternehmensberater. »Viele Menschen, mit denen ich über diese fünf Tugenden zur Erlangung der ethischen Kraft gesprochen habe, sagen mir, es sei ein Jammer, daß der und der (damit meinen sie üblicherweise ihren Vorgesetzten oder sonst einen Top-Manager) nicht dabei sei. Denn diese Erläuterungen wären für die betreffende Person sehr nützlich.«

»Das trifft auf meinen Vorgesetzten und die obersten Chefs in unserem Unternehmen tatsächlich zu«, sagte ich.

»Zweifellos wäre es sinnvoll, wenn die Top-Manager und überhaupt alle Manager mit diesen fünf Tugenden konfrontiert würden und daran glaubten«, entgegnete der Unternehmensberater, »doch auch Rom ist nicht in einem Tage erbaut worden. Sie müssen irgendwo den Anfang machen, und das könnte durchaus in Ihrer eigenen Abteilung sein. Fragen Sie sich doch einmal folgendes: In welchem Licht sehe ich meine Abteilung? Wie steht es mit den Werten, den Hoffnungen und den Vorstellungen, die Sie in bezug auf das ethische Verhalten des einzelnen Mitarbeiters, Ihrer Abteilung und des Unternehmens haben? Sie müssen mit irgend etwas anfangen – einem Ziel oder einer Vorstellung –, bevor Sie Ihren Weg beharrlich weitergehen können.«

»Sie empfehlen mir also, es nicht gleich mit der ganzen Firma aufzunehmen, vor allem wenn man Manager auf der mittleren Führungsebene ist.«

»Darauf will ich hinaus«, stimmte mir mein Berater zu. »Wenn Sie sich entschieden haben, in dem Unternehmen weiterhin tätig zu sein, so müssen Sie sich über eines im klaren sein: Zwei Dinge sind für Mitarbeiter, die die fünf Tugenden erlernt haben und ihnen nachleben wollen, am schwierigsten – Geduld und Stolz. Die Menschen möchten, daß sich alles schon gestern ereignet hat. Es liegt ihnen unmäßig viel daran, recht zu haben. Sie setzen ihren ganzen Stolz in die Änderungen, die sie zustande bringen wollen.«

»Sie sagten vorhin, wenn ich in diesem Unternehmen weiterhin tätig sein wolle... Was meinen Sie damit?« fragte ich.

»Mir scheint, daß Sie in einer Atmosphäre oder in einem Unternehmen, dessen Gepflogenheiten Ihren Wertvorstellungen und Überzeugungen zuwiderlaufen, zwischen drei Möglichkeiten wählen können: kündigen und die

Firma verlassen, sich selbständig machen und eine eigene Firma gründen oder zu einem anderen Unternehmen wechseln, das nach ethischen Grundsätzen funktioniert, die Sie befürworten können.«

»Diese Überlegungen habe ich kürzlich tatsächlich angestellt«, erwiderte ich. »Es ist allerdings nicht so einfach, Beruf und Firma zu wechseln, und schon gar nicht, eine eigene Firma zu gründen.«

»Das ist auch der Grund, weshalb sich die Menschen in der Regel für die beiden anderen Möglichkeiten entscheiden«, erwiderte der Unternehmensberater. »Die eine Möglichkeit besteht darin, daß Sie die Stelle, die Sie gegenwärtig innehaben, behalten, sich aber innerlich von dem, was um Sie herum geschieht, distanzieren. Diese nach außen bekundete Loyalität und der in Ihrem Innern nagende Zweifel können allerdings Ihr Selbstwertgefühl untergraben. Sie laufen dabei Gefahr, einsam und unzufrieden zu werden.«

»Dabei würde es mir auch schwerfallen, mich im Spiegel anzuschauen«, fügte ich hinzu.

»Oh, ja«, sagte der Berater. »Es gibt allerdings Leute, die in der Lage sind, in einer unbefriedigenden Arbeitsatmosphäre zu bleiben. Sie kompensieren ihre Gewissensbisse, indem sie ihre Aufmerksamkeit von den ethischen Mißständen weg und statt dessen voll auf die Führungsprobleme in ihrer Abteilung lenken. Mit anderen Worten: Sie selbst entscheiden, ob Sie sich um die Ethik in Ihrem Arbeitsumfeld kümmern wollen oder ob Sie sich nur dafür einsetzen, die erfolgreichste und gewinnträchtigste Verkaufsabteilung zu führen.«

»Es würde mir schwerfallen, mich in einen solchen Zwiespalt zu begeben«, sagte ich. »Ich sehe mich nicht zu all den unethischen Dingen zurückkehren, die sich rund um mich herum ereignen. Dafür ist mir meine Arbeit im Leben zu wichtig. Welche Wahl habe ich sonst noch?«

»Bleiben Sie an Ihrer Stelle, und versuchen Sie, die Lage zu ändern«, erwiderte mir der Unternehmensberater. »Ich kann mir lebhaft vorstellen, daß Sie genau das versuchen wollen. Deshalb habe ich Geduld und Stolz als Möglichkeiten, eine eigene Wertvorstellung zu erreichen, derart hervorgestrichen. Vergessen Sie nie den Ausspruch von Pater Keller:

Es ist besser,
eine Kerze
anzuzünden,
als die
Dunkelheit
zu verwünschen.

Platz für eigene Notizen

In meinem Fall bedeutet das:

Die Entscheidung

Geduld und Stolz. Wahrhaftige Geduld und ausgewogener Stolz. Diese Worte sagte ich mir immer und immer wieder, als ich mir die letzten eineinhalb Jahre durch den Kopf gehen ließ. Es fällt mir schwer zu glauben, daß achtzehn Monate verstrichen sind, seit ich zum ersten Mal von meiner Bekannten von den drei ethischen Kontrollfragen und von meinem Berater und dem Unternehmensberater von den fünf Tugenden, die zur ethischen Kraft führen, gehört habe. Seither hat sich unglaublich viel ereignet.

Nach meiner Zusammenkunft mit dem Unternehmensberater entschloß ich mich, in dem Unternehmen zu bleiben und den Versuch zu wagen, das ethische Verhalten in meinem Umfeld zu ändern. Ich unterdrückte meinen Stolz und übte mich in Geduld. Ich setzte den Hebel bei meiner eigenen Abteilung an und versuchte, ein positives Arbeitsklima zu schaffen. In unserer Abteilung legten wir sogar eine Vorgehensweise fest, die den Erwartungen unserer Kunden entsprach und ihren Bedürfnissen gerecht wurde. Ich bemühte mich auch um ein

Vertrauensverhältnis mit meinem Vorgesetzten. Es war zwar nicht einfach, zu überprüfen, ob seine Vorgehensweisen in Ordnung waren (die Erfahrung, dies zu überprüfen, fehlte mir), doch ab und zu hatte ich Erfolg und stellte fest, daß ihm mein Vorgehen aufgefallen war. Es wurde mir bewußt, daß ich, sobald die mir unterstellten Mitarbeiter sich zu einer herausragenden Leistung und der Kraft ethischen Managements verpflichtet fühlten, auf Firmenangehörige in höheren Führungspositionen Einfluß nehmen konnte.

Allmählich sah ich, wie bei den Mitarbeitern mit zunehmendem Selbstwertgefühl und wachsender Kraft des auf positive Ergebnisse ausgerichteten ethischen Managements langsam, aber sicher eine Verhaltensänderung eintrat.

Unglücklicherweise passierte immer dann, wenn ich Fortschritte erzielt hatte, irgendein Mißgeschick, bei dem das »Möwen-Management« überhandnahm. Das wirkte sich sogleich auf die unteren Führungsebenen aus, und die Folge davon war, daß jegliche ethische Verhaltensweise aufgegeben wurde. Ich kam mir wie ein Yo-Yo vor. Ich konnte mir nicht mehr vorstellen, daß dieses Unternehmen je zu den »Glücklichen 500« gehören könnte.

Während mehrerer Wochen besprach ich dieses Problem mit meiner Frau. Schließlich beschlossen wir gemeinsam, daß ich wohl doch am besten daran täte, eine andere Stelle zu suchen. Ich begann, mich danach umzusehen. Ein High-Tech-Unternehmen, das allerdings nicht zur selben Branche gehörte, nahm mit mir Verbindung auf. Man suchte einen Verkaufsleiter, dessen Position mit derjenigen, die ich innehatte, vergleichbar war. Ich nahm einen Tag Urlaub und stellte mich vor. Beim Bewerbungsgespräch waren alle Spitzenmanager, einschließlich dem Vorstandsvorsitzenden und dem Verwaltungsratspräsidenten, dabei. Es sei üblich, so sagte man mir, daß das Top-Management sich mit allen in Aussicht genommenen Bewerbern um Schlüsselpositionen zusammensetzt und sich mit ihnen unterhält. Je länger ich mit den Führungskräften jenes Unternehmens sprach, desto deutlicher wurde mir, daß wir dieselbe Wellenlänge hatten. Ihr Führungsstil schien mir von hohen ethischen Werten geprägt zu sein, und soweit ich nach allem Gehörten beurteilen konnte, lebten sie auch nach ihren Vorsätzen.

Man bot mir die Stelle an.

Ich überlegte mir, ob ich die angebotene Stelle annehmen sollte. Dabei entschied ich mich jedoch, meiner inneren Stimme zu folgen und, bevor ich meine Firma verließ, noch einen letzten Versuch zu unternehmen. Ich machte mich auf den Weg zum Firmenhauptsitz und verabredete mich dort mit dem Vorstandsvorsitzenden des Unternehmens, das zu verlassen ich im Begriffe war.

Bei unserer Besprechung enthielt ich mich jeglicher Verbitterung und aller zynischer Bemerkungen. »Ich will mich nicht als Besserwisser aufspielen«, sagte ich. »Ihr Unternehmen war gut zu mir, und ich will ihm helfen.« Dann sagte ich dem Vorstandsvorsitzenden ehrlich und offen, weshalb ich die Absicht hatte, die Firma zu verlassen, und weshalb ich den Eindruck hatte, daß die Führungskräfte ihre Mitarbeiter nicht zu ethischem Vorgehen anhielten.

Der Vorsitzende schien erschrocken. Er sagte, er wolle der Angelegenheit nachgehen, um das, was ich ihm gesagt habe, zu überprüfen. Er dankte mir für meine Offenheit und Ehrlichkeit und für die Mühe, die ich mir gemacht hatte, mich mit ihm auszusprechen. Wir verabschiedeten uns herzlich; seine letzte Bitte war, daß ich noch nicht kündigte, sondern ihm ein paar Tage Zeit einräumte, damit er meine Aussagen und Hinweise verarbeiten könne. Ich sagte ihm, daß ich der anderen Firma innerhalb einer Woche Bescheid geben müsse.

Der Vorsitzende prüfte meinen Vorwurf aufs genaueste. Sehr bald wurde ihm bewußt, daß er das, was in seinem Unternehmen vor sich ging, nicht mehr im Griff hatte. Er hatte sein Augenmerk auf die ständig wachsenden Dividenden der Aktionäre gerichtet – was zwar auch wichtig war –, dabei hatte er aber die innerbetrieblichen Probleme, die ich ihm schilderte, außer acht gelassen.

Vier Tage nach unserem Gespräch rief mich der Aufsichtsratspräsident um 10 Uhr abends zu Hause an. Er sagte mir, er habe mit dem Vorstandsvorsitzenden und anderen Managern das Problem besprochen. Alle seien bereit, die Schaffung einer neuen Stelle zu erörtern.

»Es liegt mir daran, daß Sie bei uns bleiben und mir sowie anderen Spitzenkräften helfen, die gegenwärtige Situation zu ändern«, sagte er zu mir. Er sah sehr wohl, daß die Aufgabe, das ethische Verhalten unternehmensweit zu ändern, nicht einfach sei, gab jedoch seiner Hoffnung Ausdruck, daß ich bleiben und die Herausforderung annehmen würde.

Das ist jetzt die Lage, in der ich mich befinde.

Von einem Unternehmen, das meiner Vorstellung von ethischem Management zu entsprechen scheint, habe ich ein Stellenangebot. Gleichzeitig kann ich bei meinem bisherigen Arbeitgeber bleiben und den offiziellen Auftrag übernehmen, zu den erforderlichen Veränderungen beizutragen. Die erste Wahl wäre wohl die leichtere, da die Firmenatmosphäre mir eher entspräche. Dies würde meine Leistungsfähigkeit und meine Arbeitszufriedenheit erhöhen. Die zweite Wahl dagegen wäre lohnender, wenn mir Erfolg beschieden sein würde. Auf jeden Fall wäre sie die größere Herausforderung. Ich stehe also vor der schwierigen Wahl, mich zwischen einer spannenden Aufgabe in einer neuen Umgebung und einer harten Herausforderung in einer vertrauten Umgebung zu entscheiden.

*Welche Wahl
würden Sie
treffen?*

Platz für eigene Notizen

In meinem Fall bedeutet das:

Arbeitshilfe zur ethischen Kontrolle

Checkliste vom ______________________

1. Mein Problem:

____

____

____

____

2. Was will ich erreichen?

____

____

____

	Ja	Nein
3. Ist mein Vorhaben einwandfrei		
– in rechtlicher Hinsicht?	☐	☐
– in moralischer Hinsicht?	☐	☐

	Ja	Nein
4. Entspricht mein Vorhaben der Unternehmenspolitik?	☐	☐
5. Ist mein Vorhaben allen Betroffenen gegenüber fair, und zwar		
– kurzfristig	☐	☐
– langfristig	☐	☐

6. So werde ich vorgehen:

a) ______________________ Termin: ________

b) ______________________ Termin: ________

c) ______________________ Termin: ________

d) ______________________ Termin: ________

e) ______________________ Termin: ________

Notizen:

____

____

____

____

____

Selbstkontrolle

Das habe ich erreicht:

a) Datum: ______________________________

____

b) Datum: ______________________________

____

c) Datum: ______________________________

____

d) Datum: ______________________________

____

e) Datum: ______________________________

____

Für die Lösung meines Problemes unter Berücksichtigung der ethischen Regeln habe ich ________ Tage gebraucht.

Danksagung

Isaak Newton sagte einst sehr treffend: »Wenn ich weiter gesehen habe als andere, so deshalb, weil ich auf den Schultern von Riesen gestanden habe.«

Unser Dank gilt zunächst *Larry Hughes*, dem Vorsitzenden der Hearst-Trade-Book-Gruppe, der uns zusammengeführt hat und dank seiner Unterstützung dieses Buch ermöglichte.

Sodann danken wir den Aberhunderten von Managern in ganz Amerika, welche die verschiedenen Entwürfe dieses Buches durchgelesen, uns wertvolle Hinweise gegeben und uns Verbesserungsvorschläge gemacht haben. Besonderer Dank gilt *Bill* und *Lew Allyn* sowie *Robert Small* für ihre vorbildliche Haltung und ihre Anregungen.

Dank gebührt aber auch:

Jan Ross Abbot für ihre Parabel »Die verlorene Seele«.

Jim Ballard für seine Anregungen und seine Anweisung, wie wir den Tag mit mehr Bedacht beginnen sollen.

John Barrons, Dick Neal, Al Pope, Ray Reynanti und allen anderen, die sich in der Firma General Dynamics in San Diego für das ethische Verhalten eingesetzt haben.

Warren Bennis für seinen Beitrag zum persönlichen moralischen Konflikt, mit dem man zu kämpfen hat, wenn es zu entscheiden gilt, ob man ein Unternehmen, dessen Wertvorstellungen den eigenen nicht entsprechen, verlassen oder bei ihm bleiben soll.

Lee Berglund, der uns zeigte, daß wir über die gesamte vorhandene Zeit verfügen, d. h. daß es darauf ankommt, was wir mit der wirklich wertvollen Zeit anfangen.

Theodore Brophy, Sol Linowitz, William Mitchell, John Naisbitt und *Bonita Granville Wrather* für ihre Teilnahme und ihren Ideenreichtum anläßlich der *White House Conference on Ethics,* die im April 1986 von der Cornell-Universität mitunterstützt wurde.

Paul Hersey und *Marshall Goldsmith* für ihre Gedanken zur Leistungskontrolle.

Phil Hodges für seine Überlegungen zum Stolz und der Geduld in einem Unternehmen sowie für die Bedeutung, die er dem Gebet beimißt, und schließlich auch für seine unablässige Unterstützung.

Sybil Light, der Sekretärin von Norman Vincent Peale, für ihre Hilfe bei diesem Buchprojekt.

Morris Massey, der die Bedeutung, die Dinge ins rechte Licht zu rücken, hervorhob.

John Naisbitt für das Konzept der ›Glücklichen 500‹.

Bob Nelson für seine wirklich hilfreiche Arbeit beim Schreiben.

Red Scott für seine Überlegungen, welche Bedeutung dem Weg, den man geht, zukommt.

Art Turock, der uns den Unterschied zwischen Verpflichtung und Interesse klargemacht hat.

Zu den Verfassern

Kenneth Blanchard: Nur wenige Menschen haben derart großen Einfluß auf den Unternehmensalltag und die Unternehmensführung ausgeübt wie Kenneth Blanchard, der Mitautor des Werkes »Der 01-Minuten-Manager«.

Kenneth Blanchard, bei Kongressen, Tagungen und Geschäftsanlässen gesuchter und geschätzter Redner, ist ein bekannter Schriftsteller, Berater und Seminarleiter. Seinen Doktortitel erwarb er an der Cornell-Universität. Sein Buch »Management of Organizational Behavior: Utilizing Human Resources«, das er zusammen mit Paul Hersey verfaßt hat und das mittlerweile in der vierten Auflage erschienen ist, wird als Standardwerk zum Thema Management betrachtet.

Dr. Blanchard hat mit seiner Frau Margie eine Management-Beratungsfirma gegründet: die Blanchard-Schulungs- und Entwicklungs-Unternehmung in Escondido, Kalifornien. Er ist Lehrbeauftragter für Führungstechnik an der Universität von Massachusetts, Amherst, und Gastdozent an der Cornell-Universität.

Norman Vincent Peale: Verfasser von 35 Büchern, von denen »Die Kraft positiven Denkens«, eines der erfolgreichsten Werke, die je veröffentlicht worden sind, in über 40 Sprachen übersetzt wurde und von dem in der ganzen Welt über 20 Millionen Exemplare verkauft wurden. Der Buchtitel ist in vielen Sprachen zum Begriff geworden.

Dr. Peale und seine Frau sind Mitautoren und Herausgeber der »Guideposts«, einer für Begeisterung eintretenden Monatszeitschrift, die 4,6 Millionen Menschen abonniert haben und die jeden Monat von 16 Millionen gelesen wird.

Die Botschaften von Dr. Peale gehen durch die ›Foundation for Christian Living‹, Pawling, New York, an über eine Million Menschen. Jährlich werden 35 Millionen seiner besinnlichen Broschüren versandt.

Dr. Peale hält an nationalen Geschäfts-, Handels- und Verkaufstagungen in ganz Amerika, in Kanada und im Ausland Vorträge. Er ist mit 21 Ehrendoktortiteln gewürdigt worden.